AF298750

PASTEUR

BIBLIOTHÈQUE NATIONALE
IMPRIMÉS.

1822-1895

OUVRAGES DE LA MÊME SÉRIE

In-8° de 240 pages.

Le Général de Sonis, par Charles D'HALLENCOURT.

Christophe Colomb, par Charles D'HALLENCOURT.

Garcia Moreno, par Charles D'HALLENCOURT.

Le Maréchal Randon, par A. RASTOUL.

L'Amiral Courbet, par le Comte DE LIONVAL.

Le Général de La Moricière, par le Comte DE BERTHAUD.

Le Général de Miribel, par le Comte DE BERTHAUD.

Le Maréchal de Mac-Mahon, par A. DESLAURIERS.

La Vénérable Jeanne d'Arc, par l'Abbé L. BOUTHORS.

La Légion d'Antibes, par l'Abbé STAUB, ancien Aumônier militaire.

Sainte Angèle, par l'Abbé L. BOUTHORS.

Le Maréchal Canrobert, par Charles D'HALLENCOURT.

L'Amiral du Petit-Thouars, par le Comte DE BERTHAUD.

Sainte-Anne d'Auray, par l'Abbé MAX. NICOL.

Le Général Chanzy, par Jean LAUR.

Jean Chouan, par J. DU CHEMIN DE SCEPEAUX.

Pasteur, par Pierre LEMOYNE.

Pierre LEMOYNE

PASTEUR

ABBEVILLE

C. PAILLART, IMPRIMEUR-ÉDITEUR

AVANT-PROPOS

« *Lorsque dans un millier d'années, un médecin parlera aux jeunes générations de la marche
et de l'évolution de la médecine, il citera, avant
tous les autres, ces deux noms immmortels :
Hippocrate et Pasteur.* »

Ces paroles par lesquelles un des plus distingués collaborateurs du maître saluait naguère sa
mémoire, donnent la véritable note sur la portée
scientifique de l'œuvre de Pasteur.

Jeunes gens qui ouvrez ce livre, n'allez pas
croire cependant que ce savant fût un médecin :
Pasteur est un chimiste, mais un chimiste de
génie dont les découvertes ont révolutionné la
science médicale.

Jamais, depuis des siècles, un homme ne fit
autant pour protéger la vie de ses semblables
contre l'armée sans nombre des ennemis qui l'assiègent.

Doué à un degré supérieur de l'esprit scientifique, il sut donner à la science des applications

fécondes où l'industrie, l'hygiène et la théra-
peutique trouvèrent tour à tour leur part.

« A elles seules, a dit un savant chimiste
anglais, ses découvertes suffiraient à couvrir la
rançon de cinq milliards payée à l'Allemagne par
la France. »

Le nom de Pasteur dominera donc l'histoire
scientifique de notre époque, — mais ce ne sera
pas sa seule gloire, et s'il n'eût eu que ce titre à
l'immortalité, nous n'aurions sans doute pas
l'honneur de consacrer ces pages à sa mémoire.

Par le grand exemple d'une vie toute de travail
dans l'obscurité d'un laboratoire, par l'austérité
d'une existence qui ignora les joies mondaines les
plus légitimes, — mais surtout, par une fermeté
de convictions chrétiennes qui jamais ne faiblit,
— Pasteur a mérité de servir de modèle à la
jeunesse studieuse.

A son école, vous apprendrez, jeunes gens,
que l'homme de science qui sonde les mystères de
la matière n'a pas besoin d'en renier l'Auteur,
qu'il lui est inutile de fermer l'œil de la foi, pour
mieux voir dans le monde des infiniment petits.
Vous l'entendrez vous dire :

« Quand on a bien étudié, on revient à la foi du
paysan breton. Et si j'avais étudié plus encore,
j'aurais la foi de la paysanne bretonne. »

Enfin, par la lecture de ces pages, vous vous
convaincrez que si Pasteur laisse derrière lui

une vie longue et pleine, si, comme on l'a dit, « il n'y a pas une ombre dans sa gloire, si ses travaux sont tous un bienfait pour l'humanité, c'est parce que, logique dans ses principes, comme dans ses œuvres, en étudiant l'infiniment petit, il n'a jamais cessé de voir, d'adorer et de servir l'Infiniment Grand. »

P. L.

PASTEUR

1822-1895

CHAPITRE PREMIER

Premières années.

Arbois. — Besançon. — L'Ecole Normale.

I

Dans la ville de Dôle, sur une modeste habitation de la rue des Tanneurs, se trouve une
plaque de marbre où on lit ces mots gravés en
lettres d'or :

Ici est né Louis Pasteur
le 27 décembre 1822.

Celui qui devait ainsi illustrer sa ville natale
et recevoir de son vivant ce glorieux hommage,
eut pour père un ancien soldat des guerres de
l'Empire, qui, en quittant les champs de bataille,
n'avait d'autres ressources que le travail de ses
mains.

Il choisit le rude métier de tanneur, et ayant rencontré une jeune fille vaillante, il en fit sa compagne et fonda un foyer. Tous deux, simples gens du peuple, qui ne connaissaient de la vie que les aspérités, rêvèrent de faire de leur fils un savant, et se promirent de ne rien négliger pour son instruction.

Etait-ce une intuition secrète de l'avenir, était-ce folle rêverie de tendresse paternelle, le plan réussit : il était réservé au petit Louis de dépasser tous les rêves de ceux qui lui donnèrent le jour.

En 1825, l'ouvrier tanneur quitta Dôle, pour acheter à Arbois, sur les bords de la Cuisance, une petite tannerie ; c'était dans cette ville que devait s'écouler l'enfance de Louis Pasteur.

Fidèles à leur dessein, les parents placèrent leur fils au collège communal, sitôt que son âge le permit : mais le futur savant ne sembla pas comprendre tout d'abord l'importance du travail. L'école buissonnière l'attirait ; Louis préférait les parties de pêche et les promenades à la campagne au fastidieux séjour du collège ; le soir, les devoirs n'avançaient pas et le père qui ne perdait pas de vue ses grands projets, était obligé de surveiller de très près son fils et de l'aider dans son travail.

Livré à lui-même, l'écolier préférait s'amuser à esquisser, sur ses livres, les silhouettes de ses voisins ou de ses maîtres. Dès ses premières années,

Maison où naquit Pasteur à Dôle.

il montra pour le dessin un talent naturel extraordinaire ; on a conservé à Arbois une douzaine
de ces portraits au pastel qui révèlent chez un
enfant de douze ans un coup d'œil et une sûreté
de main merveilleux.

Quand il se sentit encore plus maître de son
talent, il voulut essayer de reproduire à traits plus
larges le visage de sa bonne et vaillante mère.
Le travail fut si bien réussi que longtemps après,
voyant ce portrait dans la chambre de Pasteur, le
peintre Gérôme se félicitait que son auteur se fût
livré aux sciences :

« — Nous aurions eu, disait-il, en ce diable
d'homme, un rival dangereux !... »

Ce portrait précieux où l'écolier représente sa
bonne mère la figure encadrée dans un bonnet blanc
et les épaules serrées par un châle à carreaux, est
resté longtemps à Arbois ; il est aujourd'hui à
l'Institut Pasteur.

En revoyant ces gracieux dessins, une bonne
vieille Arboisienne disait naguère encore :

« — Quel dommage qu'il se soit enfoncé dans
un tas de chimie ;... il a manqué sa vocation, il
serait arrivé certainement à se faire une réputation de peintre !... »

II

Quelque agréable que fût ce talent, il ne correspondait pas entièrement aux idées paternelles, et de temps en temps le tanneur répétait à Louis :

« — Mon pauvre enfant, mon pauvre enfant, si tu savais comme je serais heureux de te voir un jour professeur au collège d'Arbois !... »

On ne peut s'empêcher de sourire en entendant l'expression naïve de ces rêves modestes que l'illustre savant devait reléguer si loin dans l'ombre !

Louis avait bon cœur : il vit que tout le monde travaillait autour de lui et comprit qu'il devait répondre aux sacrifices de sa famille. A partir de la classe de troisième, il renonça à ses engins de pêche, à ses crayons de couleurs, pour se mettre sérieusement à l'étude.

Au bout de quelques mois de ce premier effort, le principal du collège s'aperçut que l'enfant avait non seulement rattrapé le temps perdu des années précédentes, mais que, sans beaucoup de peine, il dépassait tous ses camarades et il dit :

« — Ce petit-là est tenace et réfléchi, vous le verrez, il ira loin. »

Pour flatter l'orgueil paternel, il ajoutait :

« — Ce n'est pas vers la chaire d'un petit collège comme le nôtre qu'il faut le diriger, il faut qu'il soit professeur dans un collège royal... il faut penser à la grande École normale... »

Le collège d'Arbois n'ayant pas de professeur de philosophie, Louis dut quitter Arbois pour entrer au lycée de Besançon, où il révéla promptement son goût pour les sciences naturelles et surtout la chimie.

A la fin de l'année scolaire, il était reçu bachelier ès-lettres et nommé immédiatement maître répétiteur au même collège. Tout en exerçant ses fonctions, il suivait avec les élèves plus âgés les cours de mathématiques spéciales qui préparaient l'entrée à l'École normale.

Malgré tout il montrait déjà une telle maturité d'esprit que le proviseur n'avait pas hésité à lui confier la surveillance des plus grands, de ceux mêmes dont il était aux heures de cours, le camarade. Il travaillait au milieu d'eux et son autorité n'en souffrait pas.

Nous avons déjà dit que l'étude de la chimie avait toutes ses préférences ; le professeur chargé de ce cours était âgé ; c'était un bien brave homme qui faisait bonnement sa classe, sans avoir découvert ni le brome, ni le potassium. Pasteur le harcelait tellement de ses questions que parfois il en restait désorienté, il lui dit un jour :

« — Mais enfin, monsieur Pasteur, vous oubliez que c'est à moi de vous interroger, et non pas à

Louis Pasteur, Élève de l'École Normale.

vous de me faire subir à chaque instant un véritable examen ! »

Le jeune homme, avide de science, n'insista pas, mais apprenant qu'il y avait dans la ville un pharmacien qui s'était distingué par ses travaux sur la chimie, il alla lui confier ses doutes et le pria de l'aider clandestinement dans ses études.

Pasteur profita de ces leçons et à la fin de l'année il subissait avec succès l'examen de l'Ecole normale ; mais il n'arrivait que le quatorzième ; ce rang ne lui plut pas et il déclara qu'il voulait recommencer une nouvelle année de préparation. Dans ce but, il se rendit à Paris à l'institution Barbet, non plus comme maître, mais comme élève.

Le père Barbet, ainsi l'appelaient familièrement les Franc-Comtois, accueillit son compatriote avec une grande bonté ; connaissant le peu de fortune de sa famille, il réduisit en sa faveur le prix de la pension.

Après une année passée sous sa direction, son élève arrivait le quatrième à cette célèbre Ecole normale, objet de tous ses rêves.

III

L'étude de la chimie devenait pour lui une passion ; il allait pouvoir la satisfaire à son gré.

Cette science était alors enseignée, à la Sorbonne, par M. Dumas, et à l'Ecole normale, par M. Balard.

Par des procédés différents, ces deux maîtres savaient donner à leur enseignement un attrait irrésistible. L'un, plus grave, plus respectueux de son auditoire, apportait à son cours une parole correcte et à ses expériences une préparation impeccable : c'était M. Dumas. Son collègue, entraîné par une ardeur juvénile, se laissait aller à l'improvisation d'une phrase qui n'obéissait pas toujours à la netteté de la pensée. On cite de M. Balard ces mots restés célèbres, en décrivant au public une de ses préparations :

« — Potasse qui, potasse donc, potasse enfin que je vous présente ici... »

Malgré tout, ce langage abrupt avait pour Pasteur un charme inexprimable parce qu'il répondait aux besoins de son esprit ; et il écoutait avec enthousiasme ces leçons de l'Ecole normale ou de la Sorbonne. Un jour le professeur, au milieu d'une expérience de solidification d'acide carbonique, demande un mouchoir de bonne volonté pour recueillir cette neige d'acide carbonique solide ; Pasteur s'élance au pied de la chaire, reçoit dans son mouchoir le morceau de neige qu'il rapporte triomphalement à l'Ecole pour y reprendre dans la solitude les expériences de l'illustre maître, et il conserve comme un souvenir précieux le mouchoir touché par le grand chimiste.

Les jours de congé, le normalien ne connaissait pas de distractions plus agréables, que de rechercher la compagnie de M. Barruel, le préparateur de Dumas et de se livrer avec lui aux manipulations les plus prolongées. « Longtemps on admira, on admire peut-être encore dans un des laboratoires de l'Ecole, dit M. Vallery-Radot, un bocal contenant soixante grammes de phosphore, obtenus à l'aide d'os que Pasteur avait achetés chez un boucher, qu'il avait calcinés, qu'il avait soumis à toutes les épreuves bien connues des élèves en chimie, qu'il avait réduits enfin, après une journée de chauffe, de quatre heures du matin à neuf heures du soir, à ces soixante grammes. C'était la première fois que l'on tentait, à l'Ecole normale, les longues manipulations qui préparent ce corps simple. Aussi, la veille du jour où le fourneau devait être mis en chauffe, Pasteur murmurait en se couchant :

« — Encore sept heures d'attente avant de redescendre au laboratoire (1) ! »

Après le laboratoire, le lieu où l'on était sûr de rencontrer Pasteur était la bibliothèque. Le règlement de l'Ecole donnait aux normaliens une grande latitude ; l'étudiant en profitait pour faire de longues séances auprès des journaux et des

(1) *Histoire d'un savant par un ignorant.*

revues scientifiques, suivant d'un œil curieux tous les progrès de la science et l'annonce des découvertes nouvelles.

C'est dans ces lectures solitaires, dans ces recherches constantes que le futur savant trouva la première occasion d'une investigation précieuse.

CHAPITRE II

Première découverte : la Dissymétrie moléculaire.

La note de Mitscherlich. — Découverte de Pasteur.
Accueil de l'Académie.

1

Elève des Dumas et des Balard, Pasteur était en même temps le disciple, nous pourrions dire l'ami, d'un plus jeune professeur, M. Delafosse, maître de conférences à l'Ecole normale.

Ce savant, modeste et bon, avait suivi de près l'ardeur du plus laborieux de ses élèves ; il se l'était attaché par des relations plus intimes, et il l'entretenait presque constamment des matières qui faisaient l'objet de son cours : la cristallographie et la chimie moléculaire.

Pasteur était donc très au courant de ces questions, quand un jour ses yeux tombèrent sur une note de Mitscherlich que le célèbre minéralogiste allemand communiquait à l'Académie des sciences. Il y était dit que deux substances — le paratartrate et le tartrate de soude et d'ammoniaque — identiques par la nature, le nombre,

l'arrangement et la distance des atomes, agissaient
d'une manière différente sur la lumière.

Il sembla à Pasteur que cette affirmation ne
concordait pas avec l'enseignement de M. Dumas
et de M. Delafosse, et il se promit d'étudier de
très près les phénomènes indiqués par Mitscherlich pour voir si certains caractères n'auraient
pas échappé à la lucidité du minéralogiste allemand. Il partit de ce principe que : une dissymétrie dans l'arrangement moléculaire interne
d'une substance chimique doit se manifester dans
toutes les propriétés externes, capables elles-
mêmes de dissymétrie.

Longtemps Pasteur confia cette difficulté à
la réflexion la plus intense de son cerveau. Il
acheva la période de ses études à l'Ecole normale,
fut reçu agrégé des sciences physiques et
M. Balard obtint de le garder près de lui, à titre de
préparateur. Nul poste n'était plus en rapport
avec les goûts et les aptitudes de son élève, qui
allait pouvoir consacrer tous ses loisirs à l'étude
de la question qui le préoccupait : la forme des
cristaux et la détermination de leurs angles,
quand brusquement il reçut sa nomination de
professeur de physique au lycée de Tournon.

Le préparateur décontenancé va trouver
M. Balard qui court au ministère et fait, séance
tenante, rapporter la nomination. Pasteur fut
maintenu au laboratoire de l'Ecole normale et
resta à ses chères études.

Pasteur explique à M. Bertrand ses découvertes sur la dissymétrie
moléculaire.

Il s'enfonça donc de plus en plus dans sa question favorite et s'entoura des livres qui l'avaient le mieux exposée.

II

Il vit d'abord que tous les corps de la nature, qu'ils appartiennent au règne animal, au règne végétal ou au règne minéral, peuvent se diviser en deux catégories : les uns ont un plan de symétrie, les autres n'en ont pas.

Ainsi prenez une chaise, une plante, le corps d'un homme, vous pouvez imaginer un plan qui passe par leur milieu et qui les partage en deux parties absolument semblables, laissant à droite comme à gauche des parties symétriques. Ces objets ont donc un plan de symétrie.

D'autres au contraire sont constitués tout différemment : la main de l'homme, par exemple. Essayez de faire passer un plan qui la partage en n'importe quel sens, jamais vous ne verrez à la droite de ce plan des parties semblables à celles qui sont à sa gauche. Il en est de même de l'oreille, du bras, du pied. Le corps humain dans son ensemble a donc un plan de symétrie et les parties qui le composent n'en ont pas.

Le même phénomène doit se reproduire dans les minéraux. En effet un cube a un plan de symétrie, il en a même plusieurs, ainsi que le diamant. Le cristal de roche au contraire qui se compose de petites faces en forme d'hélice ou de spirale, n'a pas de plan de symétrie.

De plus tout objet qui a un plan de symétrie, lorsqu'il est placé devant une glace, a une image qui lui est rigoureusement identique ; ce qui ne peut exister avec un corps qui n'a pas de plan de symétrie. Ainsi un miroir reproduit notre corps et nos traits dans leur ensemble ; présentez-lui la main droite, il reproduira la main gauche. Encore une fois la main droite n'est pas superposable à la main gauche, et le gant de notre main droite ne peut remplacer celui de notre main gauche.

Or, partant de ces principes, Pasteur, en observant les formes cristallines de l'acide tartrique et de ses combinaisons, reconnut que l'acide tartrique n'avait pas de plan de symétrie, tandis que l'acide paratartrique en avait un. Ce résultat le transporta de joie : c'était une première présomption en sa faveur, l'autorisant à admettre quelque erreur possible de la part de Mitscherlich. Si l'acide tartrique était symétrique à l'encontre de l'acide paratartrique, il était à présumer que le tartrate et le paratartrate du savant allemand avaient eux aussi les mêmes dissemblances : s'il en était ainsi, l'identité absolue entre les formes de ces deux combinaisons signalée par Mitscherlich n'existait pas.

Pasteur continua donc avec anxiété ses préparations : le tartrate de soude et d'ammoniaque lui offrit bien l'exemple de dissymétrie sur lequel il comptait, mais le paratartrate lui fournit un résultat tout à fait inattendu. Tous les cristaux de ce sel étaient dissymétriques comme les précédents ; mais, chose étrange, certains cristaux présentaient la dissymétrie dans un sens, pendant que les autres la présentaient dans le sens opposé. Si on en plaçait quelques-uns devant un miroir, ils reproduisaient l'image des autres, et l'une de ces sortes de cristaux se confondait rigoureusement pour leur forme avec la forme du tartrate, préparé à l'aide de l'acide tartrique du raisin.

Pasteur se dit alors : « Puisqu'il n'y a aucune différence dans la forme du tartrate qui provient de l'acide tartrique du raisin et de l'une des sortes de cristaux qui se déposent au moment de la cristallisation du paratartrate, je vais séparer manuellement, par l'observation de leur dissymétrie propre, tous les cristaux de la cristallisation du paratartrate qui sont identiques à ceux du tartrate. Je devrai pouvoir, par les procédés chimiques ordinaires, extraire un acide tartrique identique à l'acide tartrique du raisin avec toutes ses propriétés physiques, minéralogiques et chimiques, c'est-à-dire un acide tartrique ayant, comme l'acide tartrique naturel du raisin, la dissymétrie de la forme et l'action sur la lumière polarisée. Par contre, je devrai retirer de la seconde sorte des cristaux, associés aux précédents dans la cristallisation paratartrique, un acide qui reproduira l'acide tartrique ordinaire, mais ayant une dissymétrie de sens inverse et d'action également inverse sur la lumière polarisée (1). »

Avec une ardeur anxieuse, Pasteur entreprit sa double expérience, et eut la joie de voir toutes ses prévisions se réaliser avec une précision mathématique. Son émotion fut si grande qu'il sortit brusquement du laboratoire et rencontrant le préparateur du cours de physique, il l'embrassa en lui disant :

« — Mon cher monsieur Bertrand, je viens de faire une grande découverte ! J'ai séparé le paratartrate double de soude et d'ammoniaque en deux sels de dissymétrie inverse et d'action inverse sur le plan de polarisation de la lumière. Le sel droit est de tout point identique au tartrate droit. J'en suis si heureux que j'éprouve un tremblement nerveux qui m'empêche de remettre de nouveau l'œil à l'appareil de polarisation. Allons au Luxembourg, je vous expliquerai tout cela ! »

(1) M. Vallery-Radot, p. 21.

III

L'Académie des sciences où siégeaient les Arago, les Biot, les Dumas, les Balard, fut émerveillée de ces résultats ; quelques membres refusèrent même de croire à la découverte.

M. Biot, qui fut chargé d'en rendre compte, commença, avec une défiance soupçonneuse, à exiger de Pasteur la vérification de chacun des points annoncés.

« Il me fit venir chez lui, racontait plus tard M. Pasteur, dans une de ses leçons, il me remit de l'acide paratartrique qu'il avait soigneusement étudié lui-même et qu'il avait trouvé parfaitement neutre vis-à-vis de la lumière polarisée. Ce ne fut pas au laboratoire de l'Ecole normale, ce fut en sa présence, dans sa cuisine, qu'il me fallut préparer le sel double avec de la soude et de l'ammoniaque qu'il avait également désiré me procurer lui-même. La liqueur fut abandonnée à une évaporation lente, et, au bout de dix jours, lorsqu'elle eut fourni environ trente à quarante grammes de cristaux, il me pria de passer au Collège de France, afin de recueillir la cristallisation et d'en extraire des cristaux de deux sortes que je placerais, ajouta-t-il, les uns à sa droite, les autres à sa gauche, me demandant de déclarer de nouveau si j'affirmais bien que les cristaux mis à sa droite dévieraient à droite et les autres à gauche.

« La déclaration faite, il me dit qu'il se chargeait du reste. M. Biot prépara les solutions en proportions bien dosées, et, au moment de les observer dans l'appareil de polarisation, il m'invita de nouveau à me rendre dans son cabinet. Il plaça d'abord dans l'appareil la solution la plus intéressante, celle qui devait dévier à gauche. Sans même prendre de mesure, par l'aspect seul des teintes des deux images ordinaire et extraordinaire de l'analyseur, il vit qu'il y avait une forte déviation à gauche.

« Alors, très visiblement ému, l'illustre vieillard me prit le bras et me dit : « Mon cher enfant, j'ai tant aimé les sciences dans ma vie que cela me fait battre le cœur ! »

L'émotion du maître avait une cause particulière : lui-même, depuis plus de trente ans, étudiait la polarisation des substances chimiques, et voilà que se dressait soudain, en face de ce vieillard quelque peu découragé, un tout jeune homme, qui d'un coup créait un nouveau chapitre de chimie cristallographique ! Pour un homme blanchi dans la science, l'émotion était forte.....

La composition et la nature de l'acide paratartrique étaient donc expliquées ; et une nouvelle substance, l'acide tartrique gauche, vraiment surprenante par ses propriétés, était découverte.

Pasteur poursuivit avec passion ses curieuses recherches ; ce fut sur ces entrefaites qu'il fut nommé professeur suppléant de chimie à Strasbourg. Dans cette ville il épousa Mademoiselle Marie Laurent, la fille du recteur de l'Académie. On assure, peut-être avec quelque malice, que le matin même du mariage, il fallut courir chercher Pasteur à son laboratoire pour lui rafraîchir la mémoire et lui rappeler qu'il devait se marier ce jour-là. Mais si le savant, ajoute son gendre, fut coupable d'une de ces distractions dignes de La Fontaine, il fut un mari si différent de La Fontaine que Madame Pasteur a un sourire indulgent quand on lui rappelle un pareil oubli.

Tout en faisant son cours, le professeur ne renonçait pas à ses études de cristallisation, il compléta ses découvertes par des expériences si compliquées que nos jeunes lecteurs ne pourraient les suivre.

Pour la seconde fois, l'Académie des sciences qui ne prodigue ni les faveurs, ni même peut-être les encouragements, se fit rendre compte de ces nouvelles recherches et M. Biot fut encore nommé rapporteur.

Pasteur lui apporta de Strasbourg des échantillons parfaitement étiquetés de cristallisations magnifiques des tartrates droits et des tartrates gauches. Le matin du jour où l'Académicien devait lire son rapport, celui-ci était tellement

enchanté de son jeune ami et le félicitait avec
tant d'émotion que Madame Biot, se penchant
vers Pasteur, lui dit :

« — Je vous en prie, changez la conversation.
Ne répondez pas à ce que mon mari dit sur vos
travaux. Vous le rendriez sûrement malade ; il
ne vit plus depuis que vous découvrez de si
belles choses ! »

L'enthousiasme de Biot fut partagé par l'Académie, et Arago demanda que le rapport fût
inséré dans le recueil des mémoires de l'Institut,
ce qui était un honneur exceptionnel.

Ce n'est pas sans une joie légitime que l'on
voit ces savants, arrivés presque tous au terme
de leur carrière, jeter un regard d'admiration sur
la gloire naissante de notre héros.

A quelque temps de là, M. Biot présentait
Pasteur au célèbre Mitscherlich en disant :

« — Mon jeune ami, vous pouvez vous vanter
d'avoir fait quelque chose de grand, en trouvant ce qui a échappé à un homme comme
celui-là !... »

CHAPITRE III

Les Fermentations.

Les ferments organisés : les ferments du vinaigre, du vin, de la bière.

I

Des débuts aussi brillants avaient attiré sur Pasteur les regards du monde savant; envoyé à Lille comme professeur à la Faculté des sciences, il en était nommé le doyen, alors qu'il ne comptait que trente-deux ans.

Une des industries principales du département du Nord est, on le sait, la fabrication de l'alcool provenant de la betterave et des grains. Pasteur crut qu'il devait à la région, qui allait recevoir son enseignement, d'étudier une question pouvant lui être directement utile; il choisit celle de la fermentation, et se promit d'y jeter quelques clartés nouvelles qu'il croyait entrevoir.

Aux yeux de l'observateur le moins perspicace, il est évident que la matière se transforme d'une façon continue, sans que l'homme ait besoin d'activer cette modification. Le sucre du raisin se change en alcool, celui-ci devient du vinaigre, la pâte de farine abandonnée à elle-même se soulève et s'aigrit, le lait se caille, le sang se putréfie, la paille rassemblée devient fumier, les feuilles et les plantes mortes enfouies dans la terre se transforment en terreau, etc...

Tous ces changements sont connus sous le nom de fermentation ; mais quelle en est la cause ?

A l'époque où Pasteur aborda ce problème, les théories dominantes étaient celles de Liebig et de Berzelius. D'après le premier, les ferments n'étaient que des substances albuminoïdes altérées par l'action de l'oxygène de l'air. Ce gaz déterminait l'ébranlement moléculaire des matières azotées dont le mouvement se communiquait de proche en proche dans l'intérieur des substances fermentescibles et les résolvait en nouveaux produits. C'est ainsi qu'on avait vu, par exemple, le moût de raisin, qui avait été conservé sans altération pendant de longs mois, entrer en fermentation par le seul fait d'avoir été transvasé.

Pour expliquer autrement le phénomène de fermentation, Berzelius avait recours à une force qu'il appelait catalytique ou de présence, en vertu de laquelle la substance albuminoïde ferment et la substance fermentescible étant mises en présence, la transformation s'opérait sans aucun échange de matière entre les deux substances.

Seul, un Français, Cagniard-Latour, avait, en

1828, émis l'idée que dans les ferments il pouvait se trouver un principe d'organisation et de vie. Mais son assertion avait été négligée et oubliée.

La question en était là quand Pasteur décida d'étudier la fermentation ; il commença par la fermentation lactique et remarqua que le dépôt laissé par ce liquide fermenté se couvrait d'une substance grise. Le microscope était impuissant à étudier les éléments multiples qui se trouvaient mêlés dans ce dépôt.

Mais alors Pasteur eut une idée vraiment géniale qui fut la source de toutes ses découvertes ; il résolut de prendre une parcelle de cette substance grise et de la semer dans un milieu approprié à son genre de vie. S'il existait dans ce ferment un principe vivant, il se développerait et permettrait ainsi d'être étudié au microscope.

Le chimiste prépara donc un liquide, dans lequel il avait fait bouillir de la levure de bière, « avec quinze à vingt fois le poids d'eau de cette levure, puis il filtra la liqueur avec soin. Il y fit dissoudre environ 50 grammes de sucre par litre et y ajouta de la craie. Prenant alors, à l'aide d'un tube effilé, une trace de la matière grise dont nous venons de parler, en la retirant d'une bonne fermentation lactique ordinaire, il la déposa, à titre de semence de ferment, dans la liqueur sucrée limpide. Dès le lendemain, une fermentation vive et régulière se manifestait, le liquide se troublait, la craie disparaissait et on distinguait un dépôt qui augmentait continuellement et progressivement, au fur et à mesure de la dissolution de la craie. Ce dépôt, c'était le ferment lactique (1). »

Ce ferment était formé de cellules ou plutôt de petits articles étranglés à leur centre, n'ayant guère qu'un millième de millimètre de diamètre. Ils se divisaient en tronçons qui s'étranglaient et se divisaient à leur tour.

Des expériences plus rigoureuses et plus démonstratives encore vinrent donner à Pasteur l'assurance de l'organisation du ferment lactique ; puis il passa à l'étude de l'acide butyrique et y trouva encore un ferment particulier du genre vibrion. Ce ferment est formé par de très petites baguettes cylindriques, arrondies à leurs extrémités et réunies par chaîne de deux ou trois bâtonnets ; ces vibrions ont la propriété de vivre et de se multiplier, sans qu'il soit nécessaire de leur fournir la moindre quantité d'air ; l'air au contraire les fait périr et arrête leur fermentation.

Cette observation permit dès lors à Pasteur de partager en deux catégories les êtres microscopiques, agents de la fermentation ; ceux qui vivaient à l'air, comme tous les grands êtres de la nature, il les appela microbes *aérobies*, et ceux qui pouvaient vivre sans air, il les appela microbes *anaérobies*.

---

(1) *Histoire d'un savant*, p. 58.

Le principe était posé, et, « de progrès en progrès, la science nouvelle allait étonner le monde par une série de découvertes merveilleusement enchaînées les unes aux autres. Ce que Pasteur avait fait pour la fermentation lactique, il le renouvela pour le vinaigre, le vin et la bière. Partout il montra l'être microscopique agent des transformations opérées dans ces divers liquides. Il multiplia l'épreuve et la contre-épreuve. Il eut enfin le droit de dire, à l'encontre des idées admises jusqu'à lui : Le ferment est un être vivant, infiniment petit, que l'on trouve dans tous les corps en formation. Il s'y nourrit, s'y développe, s'y reproduit, et par ses propres évolutions est le véritable agent des phénomènes de la fermentation.

« Les savants d'Allemagne, et surtout Liebig, protestèrent au nom de leurs vieilles théories. La querelle, de l'autre côté du Rhin, ne manqua ni de vivacité, ni d'acrimonie. Il fallut se rendre à l'évidence, et Pasteur resta maître du terrain. Cette victoire scientifique eut un éclat merveilleux. Ses conséquences ne tardèrent pas à en démontrer la portée. Rien d'aussi extraordinaire et d'aussi imprévu qu'une pareille découverte, mais, d'autre part, rien de plus pratique dans ses applications.

« Les pauvres humains sont avertis que des êtres microscopiques, insoupçonnés jusque-là, accomplissent un prodigieux travail de transformation, de désorganisation, de destruction et d'anéantissement. Ces ouvriers minuscules, que l'on appellera bientôt microbes, vibrions, bacilles ou bactéries, peuvent être pour l'homme de puissants auxiliaires ou des ennemis redoutables dans la lutte pour la vie. L'œuvre de Pasteur est tout entière dans cette double recherche du pouvoir réparateur ou de l'énergie destructive de l'armée des infiniment petits. Les avoir découverts, c'est l'effet d'un coup d'œil et d'une intuition de génie ; étudier leurs procédés de guerre, leurs ruses ou leurs pacifiques travaux, ce sera l'application pratique de cette grande découverte. Le maître aura tracé la voie, et déjà, par lui-même, il aura doté l'industrie et la médecine de puissants moyens d'action inconnus jusqu'à lui. Ses disciples n'auront qu'à suivre le même chemin, en se guidant sur les principes et sur la méthode du maître. Ils iront de progrès en progrès dans cette exploration d'un monde longtemps fermé, dont il leur a ouvert l'accès (1). »

II

La lumière faite sur le mystère des fermentations, Pasteur aborda les divers terrains sur lesquels pouvaient se réaliser, dans la pratique, les applications de cette découverte.

(1) H. MARTIN. *Etudes relig.*, t. LXVI, p. 360.

Pasteur dans les caves de vinaigre à Orléans.

Il commença par la fermentation acétique, et le vinaigre fut l'objet de son étude spéciale. On sait qu'à la surface de tout vin qui se transforme en vinaigre se trouve, d'une manière invariable, un petit champignon, appelé *mycorderma acèti* ou vulgairement fleur de vinaigre. Jusqu'à Pasteur, les chimistes avaient considéré la présence de cette plante minuscule comme indifférente à la fermentation acétique, qui se produisait, selon Liebig, par une substance albuminoïde se trouvant dans le vin et s'y altérant.

Par une expérience décisive, Pasteur démontra d'abord que la substance albuminoïde sans le *mycoderma aceti* était complètement impuissante à produire le vinaigre. Ayant versé un peu de vin dans une bouteille, il la boucha hermétiquement et l'abandonna à elle-même. Il est évident que dans de telles conditions le vin se serait aigri au bout de peu de temps ; mais il mit aussitôt la bouteille dans de l'eau très chaude et chauffa ainsi le vin et l'air de la bouteille à une température de 60 degrés,

Après cette préparation, jamais le vin ne devint vinaigre ; et cependant le chauffage avait laissé intactes les matières albuminoïdes qui se trouvaient dans le vin. Donc il fallait conclure que ce n'étaient pas elles qui constituent le ferment du vinaigre.

Ce qui avait été altéré, c'étaient les germes du *mycoderma aceti ;* la chaleur les avait tués, et

pour que le vin contenu dans la bouteille pût
devenir vinaigre, il fallait le remettre au contact
de l'air ordinaire qui lui communiquerait de
nouveaux germes.

Mais Pasteur arriva à une expérience encore
plus péremptoire. Il est établi que l'eau alcoolisée
pure ne s'aigrit jamais, à moins qu'on y ajoute
une matière albuminoïde. Or, le savant professeur
démontra qu'on pouvait supprimer cette matière
et la remplacer par des substances salines cristal-
lisables, phosphates alcalins et terreux auxquels
on adjoint un peu de phosphate d'ammoniaque.
Dans ce mélange, on voit le mycoderma se développer et l'alcool se transformer en acide acétique.
Donc, encore une fois, les matières albuminoïdes
contenues dans le vin ne sont pas le ferment de
la fermentation acétique du vin.

Cependant il faut dire que ces matières concou-
rent à la fermentation, mais uniquement à titre
d'aliment du mycoderma aceti. Le vrai et seul
ferment du vinaigre est le mycoderma ; c'est le
grand agent du phénomène. Il a la propriété
singulière de condenser les quantités d'oxygène
et d'en provoquer la fixation sur l'alcool, ce qui
transforme cette dernière substance en acide
acétique.

Ce principe établi entraînait dans la fabrication
du vinaigre certaines simplifications que Pasteur
fut heureux de révéler au public,

Immédiatement, les Orléanais, qui se font une

spécialité de cette industrie, appelèrent dans leurs murs le savant professeur et le prièrent de faire une conférence publique sur l'objet de ses découvertes. Pasteur se mit tout d'abord à étudier le système en vigueur dans la ville.

Or, « à Orléans, le procédé pour la fabrication du vinaigre est bien simple. Des tonneaux superposés portent sur le fond vertical du devant de la rangée une ouverture circulaire de quelques centimètres de diamètre et un trou plus petit, appelé *fausset*, pour que l'air puisse sortir ou rentrer quand la grande ouverture est bouchée, soit par l'entonnoir qui aide à introduire le vin, soit par le siphon qui sert à retirer le vinaigre. On remplit à moitié ces tonneaux dont la capacité est de 230 litres. Le travail de la main-d'œuvre consiste à entretenir dans la vinaigrerie une température convenable et à retirer tous les huit jours environ 8 ou 10 litres de vinaigre, que l'on remplace par 8 ou 10 litres de vin.

« Un tonneau où a lieu ce va-et-vient de vinaigre et de vin s'appelle une *mère*. Ce n'est pas chose rapide que l'organisation de la mise en train d'une mère. On commence par introduire dans le tonneau que l'on destine à ce rôle 100 litres de très bon vinaigre bien limpide, puis 2 litres de vin seulement. Huit jours après, on ajoute 3 litres de vin, 4 ou 5 litres une semaine plus tard, jusqu'à ce que le tonneau contienne environ 180 à 200 litres. On tire alors pour la première fois du vinaigre, de façon à ramener le volume du liquide à 100 litres environ. C'est à partir de ce moment que la mère travaille et que l'on peut, tous les huit jours, tirer 10 litres de vinaigre que l'on remplace par 10 litres de vin. C'est le maximum de travail que peut donner un tonneau dans l'espace d'une semaine. Quand les tonneaux fonctionnent mal, et le cas se présente souvent, il est nécessaire de diminuer leur production (1). »

Pasteur comprit immédiatement les inconvénients de ce système et les exposa aux intéressés. « Pour constituer une mère, il vous faut, leur dit-il, d'abord perdre trois ou quatre mois ; puis quand elle est constituée, vous devez lui donner une fois par semaine, et très régulièrement, du vin à convertir en vinaigre. Si vous êtes obligés de reconstituer une mère, il vous faut tout recommencer, comme si cette mère était à créer ; c'est encore une perte de trois ou quatre mois. Enfin une mère est un immeuble, vous ne pouvez la transporter d'un lieu dans un autre. »

Etant donnés ces divers inconvénients, Pasteur proposa aux fabricants de supprimer les mères et de les remplacer par des appareils en forme de cuves placées dans une étuve dont la température peut être portée à 20 ou 25 degrés. On y fait un mélange du vinaigre déjà formé avec du vin et on sème à la surface le mycoderma. Au bout de peu

(1) Vallery-Radot, p. 97.

de temps la plante prend son développement et le vinaigre est fabriqué.

Un grand négociant d'Orléans, qui s'était inspiré du procédé conseillé par Pasteur et qui remporta le prix fondé par la société d'encouragement au bien de l'industrie nationale, disait qu'au bout de neuf à dix jours, quelquefois huit, tout le vin acétifié était converti en vinaigre. Sur 100 litres de vin mis en fabrication, il retirait 95 litres de vinaigre. Après le grand dégagement de chaleur qui a eu lieu au moment de la formation du vinaigre, et qui tient à la combinaison chimique qui s'établit entre l'alcool et l'oxygène de l'air, le vinaigre se refroidit peu à peu. On peut alors le retirer de la cuve, on le fait arriver dans des tonneaux où on le colle et ensuite on le livre clair à la consommation. Une fois la cuve bien vidée et bien nettoyée, on fait un nouveau mélange de vinaigre et de vin, on sème la petite plante et les faits se reproduisent dans cette seconde opération comme ils se sont produits dans la première (1).

Nous avons déjà dit que les théories de Pasteur sur les fermentations contrariaient la plupart des idées adoptées dans le monde savant, en particulier celles de l'Allemand Liebig. A propos de la fermentation acétique, celui-ci crut trouver une

(1) Cité d'après M. Vallery-Radot.

bonne occasion de démontrer au jeune professeur combien ses théories étaient erronées.

En Allemagne comme en France, on emploie parfois pour la fabrication du vinaigre des copeaux de hêtre roulés en spirale, sur lesquels baigne de l'alcool, étendu d'eau additionnée de quelques millièmes d'acide acétique. Liebig prétendit que dans ce cas l'acide acétique se formait évidemment par une oxydation directe, sans autre influence que la porosité du bois.

Les apparences étaient pour le savant allemand, mais Pasteur ne se déconcerta pas : il examina les copeaux, étudia de près leur fonction et démontra qu'ils ne jouaient encore qu'un rôle passif, pendant que l'agent principal était toujours le mycoderma aceti.

Pour cela il lui suffit de racler la surface du bois et d'examiner au microscope la pellicule muqueuse qui recouvre les copeaux.

Or Liebig prétendait avoir examiné des copeaux qui servaient depuis vingt-cinq ans dans une fabrique de Munich et n'avoir jamais vu à leur surface aucune trace de mycoderma. Le chef de la fabrique en disait autant.

Pasteur leur répondit :

« Je vous propose d'envoyer à une commission académique, chargée de trancher le débat, après les avoir fait sécher rapidement dans une étuve, les copeaux que vous aurez prélevés vous-mêmes dans la fabrique de Munich. Je ferai voir aux membres de la commission la présence du mycoderma à la surface de ces copeaux. »

L'Allemand se garda d'accepter le défi ; il se tut pour l'instant et quelque temps après fit paraître un long mémoire contre les travaux de Pasteur. En 1870, à la veille de la guerre, le savant chimiste revenait d'un voyage scientifique en Autriche, il passa par Munich et voulut essayer d'argumenter de vive voix avec son célèbre adversaire. Liebig le reçut avec une grande courtoisie ; mais comme il relevait à peine d'une maladie, il allégua sa convalescence pour écarter la discussion.

III

Encouragé par le succès de ses études sur la fermentation acétique, Pasteur entreprit de rechercher les causes qui provoquent les maladies des vins.

A l'encontre de Chaptal et de tous ceux qui suivent les théories de Liebig et de Berzelius, il démontra que le *travail* du vin provient non seulement des diverses substances qui y sont mélangées et qui réagissent les unes sur les autres par des actions mutuelles, mais surtout de la présence du *mycoderma aceti* que tous ces chimistes considéraient comme indifférente. Il

demeure aujourd'hui prouvé que ce petit champignon est l'intermédiaire obligé de l'acescence,
c'est-à-dire de la condensation de l'oxygène de
l'air et de sa fixation sur l'alcool du vin, quand
celui-ci devient du vinaigre.

Le vin *tourné*, le vin *amer*, le vin *gras*, puisent
aussi la cause de leur maladie dans la présence
de parasites qui séjournent parmi les matières des
dépôts du vin au fond des tonneaux, mais qui
ne deviennent gênants que lorsqu'ils se multi-
plient beaucoup.

Pour préserver le vin de ces diverses maladies,
il n'y avait donc qu'à empêcher le développement
de tous ces parasites ; pour cela Pasteur reconnut
qu'il suffisait de porter le vin à une température
de 55 à 60 degrés. Cette opération le mettait à
l'abri de toute altération ultérieure.

Voici par quelle expérience, il reconnut l'efficacité de ce résultat :

« Il se procura les vins des grands crûs de la
Bourgogne, vins de Beaune et de Pomard d'années diverses, années 1858, 1862 et 1863. Vingt-
cinq bouteilles furent laissées debout pendant
quarante-huit heures, pour permettre à toutes les
petites particules solides en suspension dans le
vin de se déposer. Quelque limpide que soit un
vin, il donne toujours lieu à un dépôt, si faible
qu'il puisse être.

« Pasteur décanta ensuite le vin avec un soin
minutieux, à l'aide d'un syphon de très faible

débit. Cette dernière précaution était nécessaire pour ne pas soulever et entraîner le dépôt formé. Lorsqu'il ne resta plus dans chaque bouteille qu'un centimètre cube de liquide, Pasteur agita la bouteille pour ramasser tout le dépôt dans cette petite quantité de liquide, puis il examina successivement au microscope chacun de ces fonds de bouteilles. Il aperçut nettement quelques filaments de ferments. Les vins cependant n'accusaient pas au goût la moindre amertune. Mais le germe d'un mal possible s'y trouvait et il est aisé de comprendre que le mal ne se fait sentir au palais que si les petits champignons ont pris un assez grand développement.

« Pasteur chauffa alors, sans la déboucher, une bouteille de chaque sorte de ces vins de Beaune et de Pomard. Le chauffage fut porté à une température de 60 degrés. Après le refroidissement de ces bouteilles, il les plaça, en les couchant, à côté d'autres bouteilles non chauffées et également couchées des mêmes vins. Les unes et les autres restèrent dans une cave dont la température variait, en été, entre 13 et 17 degrés. Tous les quinze jours, Pasteur venait passer l'inspection. Sans déboucher les bouteilles, il les élevait de façon à regarder dans la gouttière du fond de chaque bouteille placée entre l'œil et la lumière, et à pouvoir constater la moindre formation de dépôt. En moins de six semaines, particulièrement pour le vin de l'année 1863, un dépôt flottant très apparent commença de se former dans toutes les bouteilles qui n'avaient pas été chauffées; ces dépôts augmentèrent progressivement. En examinant ces dépôts au microscope, tous se montrèrent formés de filaments organisés, mélangés quelquefois d'un peu de matière colorante devenue insoluble. Nul dépôt n'apparut dans les bouteilles chauffées (1). »

La méthode du chauffage des vins, méthode d'une application facile, était appelée à rendre les plus grands services, mais au début on s'en défia comme de tout procédé nouveau. On avait peur que l'opération ne nuisît au goût, à la couleur ou à la limpidité du vin, lorsque Pasteur résolut de rassurer l'opinion par une expérience décisive.

Le 16 novembre 1865, il réunit à l'Ecole normale une sous-commission de dégustateurs, choisie par la commission représentative du commerce des vins en gros de Paris, et il leur donna à juger un nombre considérable d'échantillons. Il les leur présenta d'abord en indiquant ceux qui étaient chauffés et ceux qui ne l'étaient pas; ils déclarèrent d'un commun accord que la différence n'était pas appréciable pour les neuf dixièmes des consommateurs. Dans une seconde épreuve il leur présenta les deux espèces de vin sans leur indiquer celui qui avait subi l'opération

____

(1) *Hist. d'un savant*, p. 57.

du chauffage, il leur fut imposssble d'attribuer une préférence à l'un ou à l'autre.

Le cas était jugé ; la méthode du chauffage des vins n'avait aucun inconvénient pour la qualité du liquide et elle le préservait de tous les accidents si redoutés des négociants.

C'était un service nouveau que l'illustre chimiste venait de rendre à son pays !

Après le vin, la boisson la plus répandue, surtout dans les pays du nord, est la bière ; mais plus encore que le vin, la bière est sujette à l'altération et sa conservation est plus difficile. On doit même avouer que jusqu'en 1870 du moins, les procédés allemands étaient plus efficaces que les nôtres.

Après la guerre, Pasteur crut de son devoir de chimiste français, de relever la réputation de notre fabrication ; il étudia la fermentation de la bière et découvrit que si ce liquide devenait « aigre, sûr, tourné, filant et même putride, » la cause en était la même que pour les vins, dans le développement de petits champignons microscopiques, de ferments organisés, dont les germes sont apportés par les poussières que l'air charrie sans cesse, ou qui souillent les matières premières utilisées dans la fabrication.

Il essaya donc le même remède, le chauffage à 50 ou 55 degrés. Le procédé réussit si bien qu'à l'exposition d'Amsterdam, on pouvait voir des bouteilles à moitié pleines, contenant une bière très limpide et qui cependant étaient en vidange depuis l'ouverture de l'exposition. C'était de la bière fabriquée d'après les principes de Pasteur par un brasseur de Marseille.

Depuis, l'Europe et l'Amérique ont employé la méthode du chauffage sur une grande échelle ; le procédé a pris le nom de l'inventeur, il s'appelle la *pasteurisation* et le Danemark reconnaissant a fait ériger une statue au célèbre chimiste français.

C'est ainsi que les études théoriques sur la fermentation prirent de suite un caractère pratique dans la fermentation des vinaigres, des vins et des bières et que Pasteur rendit les plus grands services à cette triple industrie française.

CHAPITRE IV

Les Générations spontanées

Les assertions de Pouchet. — La réplique de Pasteur.

I

L'étude des fermentations amena Pasteur à une question d'une importance souveraine et pour la science et pour la foi : celle de la *génération hétérogénèse* ou *génération spontanée*.

Ses doubles convictions de chrétien et de savant l'entraînèrent vers un problème déjà ancien et que Pouchet, célèbre naturaliste, directeur du muséum de Rouen, venait de remettre en discussion.

Après trois ans de séjour à Lille, Pasteur avait été appelé à Paris pour diriger à cette Ecole normale qui lui était chère, les études scientifiques. Il se retrouvait donc au milieu de ses maîtres et amis, les Biot, les Dumas, les de Sénarmont et les Balard. Il leur communiqua son projet d'aborder l'étude des générations spontanées.

Presque tous le dissuadèrent de s'engager dans une voie aussi obscure.

« — Vous n'en sortirez pas, lui disait M. Biot, c'est du temps perdu... » et M. Dumas ajoutait que c'était en effet un sujet dans lequel il ne conseillerait à personne d'entrer. Il n'y eut que M. de Sénarmont qui exprima un avis un peu plus confiant :

« — Laissez-le faire, dit-il. Si Pasteur ne trouve rien dans l'étude où il s'engage, il en sortira ; mais je serais surpris qu'il n'y trouvât rien. »

Pasteur se mit donc à l'œuvre.

L'antiquité et le moyen-âge avaient donné de la question une solution amusante. Dans Virgile, le berger Aristée, après avoir invoqué les dieux païens, avait vu s'envoler, du cadavre de ses bêtes mortes, un essaim d'abeilles, *nées spontanément* dans la chair du cadavre. Auparavant Aristote avait déjà dit :

« — Tout corps sec qui devient humide et tout corps humide qui se dessèche, engendrent des animaux. »

A une époque plus rapprochée de nous, un professeur de Louvain, Van Helmout, ne craignait pas d'écrire : « Les odeurs qui s'élèvent du fond des marais produisent des grenouilles, des limaces, des sangsues, des herbes et bien d'autres choses encore. » Et à l'appui de cette théorie, il disait: « Prenez une chemise sale, placez dans cette chemise des grains de blé : au bout d'un certain temps, il y aura *transmutation* du blé en souris. »

Voilà où en était, au XVIIᵉ siècle, la question de la génération spontanée ; ce fut l'abbé Spallanzani, célèbre physiologiste italien, qui, au siècle suivant, jeta quelque jour sur la question, en produisant des expériences plus sérieuses.

Elles furent reprises, en 1835, par Schwann et, en 1854, par Duest et Schröder, quand Pouchet, de Rouen, déclara soudain à l'Académie des sciences, dont il était correspondant, qu'il avait réussi à démontrer, d'une façon certaine, absolue, l'existence d'êtres microscopiques venus au monde sans germes, par conséquent sans parents semblables à eux.

Voici quelle était son expérience, assez ingénieuse, on doit l'avouer :

Il remplissait un flacon d'eau bouillante, le bouchait hermétiquement, le renversait et en plongeait le col dans une cuve à mercure ; il le débouchait alors et y introduisait de l'oxygène pur ; puis, il y faisait pénétrer une petite botte de foin, pesant quelques grammes et chauffée préalablement dans une étuve à plus de 100 degrés. Au bout de huit jours, il y avait dans cette infusion de foin une moisissure développée.

D'où venait-elle ?... Assurément pas de l'oxygène que Pouchet avait fait naître d'une combinaison chimique à la température de l'incandescence. Pas de l'eau non plus, puisqu'elle avait bouilli et que, par conséquent, tous les germes en étaient cuits. Elle ne venait pourtant pas du foin, chauffé lui-même à 100 degrés... Encore une fois, d'où pouvait venir cette moisissure? s'écriait triomphalement Pouchet.

En entendant semblable assurance, Pasteur se recueillit; il était certain que Pouchet était dans l'erreur, mais comment le démontrer? Il reprit, sous toutes ses formes, l'expérience du directeur du muséum de Rouen et pensa de suite, avec sa perspicacité habituelle, que la surface du mercure recevait des poussières et devait contenir des germes. C'étaient ces germes ou impuretés atmosphériques qui, seuls, étaient causes de l'éclosion des microbes.

Pour le prouver, il reprit l'expérience avec les liquides les plus fermentescibles, tels que l'urine, le lait, qu'il avait auparavant dépouillés de tout germe : aucune trace de génération ne parut.

On voit encore, à l'Ecole normale, un de ces ballons préparés par Pasteur. Depuis plus de trente ans, le liquide qu'il contient attend une manifestation de la vie. Rien n'est venu spontanément troubler sa limpidité. Que faudrait-il pour le peupler en quelques heures de millions d'êtres vivants? La simple introduction d'une minime quantité de poussière atmosphérique.

II

Cependant le monde savant s'inquiétait des assertions de Pouchet et tournait un regard inquiet vers Pasteur dont on attendait avec anxiété la réponse. Après quelques mois d'expérience, elle se déclara lumineuse et péremptoire dans une circonstance solennelle que M. Vallery-Radot nous rapporte en ces termes :

« — Oui, dit M. Pasteur à la Sorbonne, devant un public immense composé de savants, de philosophes, de femmes du monde, de prêtres et de romanciers, — Alexandre Dumas était au premier rang, — tous avides de vérité, réunis par tous les problèmes qu'agitait une telle question, oui, l'expérience de M. Pouchet, ainsi conduite, est irréprochable, mais irréprochable seulement sur tous les points qui ont attiré l'attention de l'auteur.

« Je vais démontrer qu'il y a une cause d'erreur que M. Pouchet n'a pas aperçue, dont il ne s'est pas le moins du monde douté, dont personne ne s'était pas douté avant lui, et cette cause d'erreur rend son expérience complètement illusoire, aussi mauvaise que celle du pot de linge sale de Van Helmout : je vais vous montrer par où les souris sont entrées. Je vais démontrer que, dans toute expérience de ce genre, il faut absolument proscrire l'emploi de la cuve à mercure. Je vais vous démontrer enfin que c'est le mercure qui apporte dans les vases les germes ou plutôt, pour que mon expression n'aille pas au-delà du fait démontré, les poussières qui sont en suspension dans l'air. »

« Pour rendre visibles les poussières en suspension, M. Pasteur, après avoir fait l'obscurité dans la salle, perça cette obscurité d'un faisceau de lumière. Alors apparurent, dansant et tourbillonnant dans les rayons lumineux, mille petits brins de poussière.

« — Si nous avions le temps de les bien regarder, continua M. Pasteur, nous les verrions, quoique agités de mouvements divers, tomber plus ou moins vite. C'est ainsi que se couvrent de poussière tous les objets, ces meubles, cette table, le mercure de cette cuve. Depuis que ce mercure est sorti de sa mine, que de poussières il a reçues, indépendamment de celles qui s'incorporent sans cesse dans l'intérieur du métal par l'effet des manipulations nombreuses auxquelles il est soumis dans le laboratoire ! Il n'est pas possible de toucher à ce mercure, d'y placer la main, un flacon, sans introduire dans l'intérieur de la cuve les poussières qui sont à sa surface. Vous allez voir ce qui se passe. »

« Alors, projetant, au milieu d'une profonde obscurité, le jet de lumière sur la cuve à mercure

et le métal liquide apparaissant dans son état
habituel, M. Pasteur saupoudra de poussières le
mercure. Puis il prit un bâton de verre et l'enfonça.
Toutes les poussières cheminèrent et se dirigèrent
du côté de l'endroit où plongeait le bâton de verre.
Toutes pénétrèrent dans l'espace contenu entre le
verre et le mercure.

« — Oui, s'écria M. Pasteur d'une voix vibrante et grave où l'on sentait toute sa probité de
savant convaincu, oui, M. Pouchet avait éloigné
les germes de l'eau, du foin, mais ce qu'il n'avait
pas éloigné, c'étaient les poussières qui se trouvaient à la surface du mercure. Et voilà quelle a
été la cause de l'erreur, voilà ce qui détruit tout
le système (1) ! »

Ce jour là fut un triomphe sans pareil, non
seulement pour le savant, mais aussi pour la
science et pour la foi chrétienne. Désormais la
cause était jugée et la génération spontanée recevait un coup dont elle ne devait plus se relever.
Nul ne pouvait prétendre raisonnablement que
la vie pouvait provenir d'une autre cause que de
la cause première qui est Dieu.

Paul Bert lui-même avouait que « Pasteur avait
fini par clouer tous les canons de ses adversaires, » et le grand chimiste pouvait rentrer dans
son laboratoire avec la légitime fierté du général
qui a anéanti les troupes ennemies.

(1) VALLERY-RADOT, p. 125.

CHAPITRE V

Les Maladies des vers à soie.

La pébrine. — La flachine.

I

En 1865, les départements du sud et du sud-est de la France étaient dans la désolation ; leur industrie séricicole, jadis si florissante, se voyait compromise par la maladie des vers à soie, et les efforts tentés depuis plusieurs années déjà n'empêchaient pas la ruine d'envahir la région.

En vain, les éleveurs avaient essayé de conjurer le danger en demandant à l'étranger une graine plus saine pour remplacer la graine indigène qui était contaminée ; les dépenses avaient été inutiles et au reste le mal avait envahi successivement l'Espagne, l'Italie, la Grèce, la Turquie et jusqu'aux provinces du Caucase.

Le Midi qui avait produit jusqu'à 26 millions de kilogrammes de cocons n'en produisait plus que 4 ; la population affolée se résolut à envoyer à l'empereur l'expression de son désespoir. La pétition était signée de 3,600 maires, conseillers municipaux ou propriétaires fonciers.

Le Sénat désigna une commission chargée d'étudier les moyens de sauver cette industrie en détresse et M. Dumas en fut nommé rapporteur. Nul ne s'intéressait à cette cause plus que le grand savant; par sa naissance il appartenait à l'un des départements où l'on s'occupe de la culture des vers à soie, et ses études l'avaient porté à considérer de près cette branche d'industrie.

Convaincu que la chimie seule pouvait conjurer la crise, il eut de suite la pensée de prier Pasteur d'apporter à cette question le secours de sa science et de son dévouement. Il fit donc ses offres à son ancien élève devenu son collègue et son ami.

A cette époque, Pasteur était engagé très avant dans la question des fermentations; l'heureux succès de ses recherches lui avait ouvert de larges horizons qui demandaient à être explorés, et il comptait consacrer son existence entière à l'étude de ces infiniment petits que son génie lui avait révélés.

Il commença donc par décliner l'offre de Dumas, mais celui-ci insista en lui représentant les services à rendre.

« — Mais, lui dit Pasteur, le ver à soie..., vous savez bien que ce n'est pas mon affaire; je n'en ai jamais touché un seul de ma vie.

« — Eh bien ! tant mieux, lui répondit Dumas, vous n'aurez pas sur la matière d'idées pré-

Pasteur dans sa magnanerie

conçues ; tout vous viendra de vos seules observations. »

Et prenant le bras de son cher disciple, il lui
dépeignit tous les maux qui envahissaient son
pauvre pays.

« — Ah ! si vous saviez ! lui dit-il en terminant,
combien la misère dépasse tout ce que vous pouvez imaginer !... »

A ce mot, Pasteur saisit la main de son maître
et lui promit de se rendre à ses désirs. Le savant
faisait ainsi le sacrifice de ses plus chères études
et de sa gloire pour venir en aide à la détresse de
ses concitoyens. Ce fut le principe auquel il obéit
pendant toute son existence.

Quelques semaines plus tard, le 6 juin 1865,
Pasteur s'établissait près d'Alais, dans une maisonnette appelée le Pont-Gisquet, où il faisait
venir Madame Pasteur et sa fille, ainsi que ses
préparateurs dévoués, MM. Duclaux et Gernez.
L'habitation devenait une magnanerie ; chacun
y remplissait un rôle actif, et on oubliait Paris où
l'on ne devait rentrer qu'après avoir dompté le
fléau.

Il y fallut cinq ans, cinq ans d'un labeur inten-
sif, cinq ans d'expériences sans cesse renouvelées,
de résultats contradictoires à contrôler...

Ses études l'amenèrent à découvrir successivement que la *pébrine*, ou maladie du ver à soie,
ainsi appelée parce qu'elle pique le corps du ver

comme de grains de poivre, provenait de l'existence d'un corpuscule ou parasite. Ce parasite transmettait la maladie par contagion et hérédité. La difficulté consistait donc à se procurer des œufs sains et pour cela des papillons exempts de corpuscules.

Il n'était pas possible d'examiner un à un les œufs au microscope, mais Pasteur institua l'examen microscopique des papillons après la ponte. Chaque papillon fut, avant la ponte, placé sur un morceau de linge distinct et épinglé ensuite. Puis, après avoir été broyé, son corps fut soumis à l'examen microscopique ; s'il contenait des corpuscules, la ponte était détruite ; sinon, les œufs étaient conservés. Un seul examen suffisait donc pour garantir la pureté d'une ponte entière, c'est-à-dire de deux ou trois cents œufs.

Les sériciculteurs d'Italie s'empressèrent d'adopter cette méthode pratique qui fit leur fortune et ils furent bientôt suivis des industriels français qui tout d'abord avaient douté du résultat.

II

Mais la *pébrine* n'était pas la seule maladie du ver à soie ; celui-ci se trouvait encore attaqué par un parasite d'un genre différent qui, se développant dans l'intestin, trouble sa nutrition et le fait périr d'inanition. Dans cette maladie, appelée la *flacherie*, le ver s'étiole, il devient mou et noircit après la mort ; pour la combattre, il suffit de précautions hygiéniques. L'infection provient de la trop grande chaleur, de l'humidité, des feuilles mouillées sur lesquelles la pluie ou la rosée ont déposé les poussières rencontrées dans l'air ; de là, la nécessité d'une grande surveillance et d'une méticuleuse propreté.

Pasteur démontra que cette maladie, comme la *pébrine*, était héréditaire, et, pour en préserver, il conseilla de choisir aussi de bons reproducteurs. « Servez-vous, disait-il, de graines provenant de papillons dont vous aurez constaté la vigueur dans les derniers jours de leur vie, c'est-à-dire leur agilité au moment de filer leur soie. »

Pasteur touchait au terme de ses travaux sur les vers à soie, mais ces cinq années d'études acharnées avaient altéré sa santé ; vivant auprès d'une collection de ces vers, il s'enfermait avec eux dans une serre vitrée, chauffée à une température élevée et constante. Un médecin de ses amis qui l'avait trouvé maigri, anémié, pâli, lui dit un jour :

« — Vous savez, à ce régime-là, c'est la paralysie qui vous guette, et peut vous envahir.

« — Je le sais, répondit le savant ; mais j'ai commencé ce labeur, il faut que je l'achève. »

Hélas ! le mal ne lui en donna pas le temps : au

mois d'octobre 1868, il fut frappé soudain d'hémi-
plégie. Pendant deux mois, il resta entièrement
paralysé, incapable du moindre mouvement.

Le savant qui avait livré à la science son
dévouement, ses veilles, sa santé, allait peut-être
lui livrer sa vie ; à quarante-cinq ans, il se voyait
frappé en pleine force, alors qu'il touchait au
terme de ses travaux.

Il fit venir Madame Pasteur près de son lit de
souffrances, et lui dicta une dernière note destinée à être communiquée à l'Académie des
sciences, et qui servait de conclusion à ses
découvertes.

Puis il attendit la mort avec toute sa lucidité
d'esprit ; lui-même indiqua au médecin, sans une
seule altération dans la voix, la marche envahissante de la paralysie. Son courage ne faiblit qu'en
une seule circonstance, devant les larmes de
l'amitié. Sainte-Claire Deville était accouru à
son chevet, aussitôt qu'il avait appris la fatale
nouvelle, et il ne pouvait cacher au malade sa
désolation :

« — Moi aussi, dit Pasteur, je regrette de mourir, j'aurais voulu rendre à mon pays d'autres services encore ! »

Son vœu fut exaucé, et le mal enrayé. Au com-
mencement de 1869, sans qu'il pût cependant
encore se traîner dans sa chambre, il voulut
reprendre ses travaux et se rendit à Alais pour

tenter les dernières expériences qui se montrèrent décisives.

Il était curieux de voir ce chimiste passionné portant dans ses membres les marques de la mort, et présidant du fond de son fauteuil à toutes les préparations, à tous les contrôles des moindres résultats.

Une dernière épreuve fut tentée sur l'ordre de l'empereur dans une villa que le prince impérial possédait en Autriche. Pasteur traversa pour s'y rendre le midi de la France et le nord de l'Italie, étendu dans un wagon ou dans une chaise à porteur ; mais sa fatigue fut compensée par l'heureux succès de sa méthode qui ramena dans la magnanerie la prospérité la plus florissante.

Comme récompense de son dévouement et de la fertilité de son génie, Pasteur fut nommé sénateur de l'Empire ; mais, hélas ! on était au mois de juillet 1870 et le décret n'eut même pas le temps de paraître au *Journal Officiel*.

Le savant rentra dans sa petite ville d'Arbois, où pendant que son fils offrait son sang et ses dix-huit ans à la défense de la patrie, il assista en témoin indigné et attristé à l'envahissement du sol français. « Souvent, nous dit son gendre, quand on entrait dans sa chambre, on le trouvait le visage inondé de larmes. »

CHAPITRE VI

Les Vaccins.

Le choléra des poules. — Le charbon.

I

Pasteur n'était ni vétérinaire, ni médecin, et
voilà qu'après avoir étudié les maladies des vins,
du vinaigre et de la bière, il venait d'aborder
l'étude du règne animal, dans ses représentants
inférieurs il est vrai ; mais son génie avait su
découvrir, par sa persévérance, le mal et le
remède.

Entré dans cette voie nouvelle, il restait au
savant à s'élever à des êtres d'une organisation
plus compliquée, pour arriver enfin jusqu'à
l'homme. Tel était le programme magnifique
qu'il était réservé à l'illustre savant de parcourir
et de réaliser en entier.

Les ferments, êtres organisés, — il l'avait
démontré, — décomposent les débris de l'organisme mort ; pourquoi ne seraient-ils pas la
cause des maladies qui s'attaquent à l'être vivant?

Tel était le problème que Pasteur se posait et qu'il arriva à résoudre péremptoirement.

Un examen attentif des tissus et des humeurs, altérés par des affections de caractère virulent et contagieux, lui révéla la présence d'organismes parasitaires minuscules qui ne se montraient pas dans un corps sain. Les virus, comme les ferments, étaient donc des êtres vivants, des microbes, d'infiniment pétits, placés aux confins de deux règnes et variant d'espèces selon les maladies.

Mais ce n'était pas assez de découvrir au sein de l'organisme malade un parasite, toujours le même dans les circonstances identiques, il fallait de plus démontrer que ce microbe était bien l'auteur de la maladie et la cause de toutes les destructions opérées dans le milieu où il se trouvait.

Pour cela, Pasteur prit une goutte de l'humeur sur un animal contaminé, et l'introduisit par inoculation dans un animal sain ; la maladie ne tarda pas à paraître chez ce dernier. Par une contre-épreuve, le chimiste prit une autre goutte de la même humeur, la fit passer sur un filtre capable de retenir les microbes, puis, après son passage, l'inocula à un animal sain : celui-ci resta en parfaite santé.

Pour compléter l'expérience, il inocula ce qui était resté sur le filtre, et la maladie apparut avec tous ses caractères particuliers. On ne pouvait mieux démontrer que la virulence appartenait au microbe et que c'était contre lui qu'il fallait se défendre. A ceux qui en doutaient encore, Pasteur répondit en cultivant le microbe d'une maladie déterminée, et en provoquant, par cette culture pure, tous les phénomènes de la maladie.

Il n'y avait plus rien à répliquer : l'assertion du savant était évidente et sa découverte n'était rien moins qu'une révolution dans la médecine. Elle renversait la vieille doctrine de la spontanéité de la plupart de nos maladies et démontrait que, pour qu'un corps soit malade, il faut que le germe de la maladie, venu d'ailleurs, s'y soit introduit.

Il faut aussi, il est vrai, que le corps soit apte à recevoir ce germe, et que la force vitale soit trop faible pour résister à son introduction ; car Pasteur ne niait pas toute spontanéité morbide. Il avouait que dans le corps vivant, même exempt de tout virus, les cellules animales agissent sur les humeurs et les vicient quelquefois, lorsque, par le fait d'une nutrition imparfaite, elles sont elles-mêmes débilitées ou altérées.

Mais il démontrait que la plupart des maladies prenaient leur source dans l'invasion micro-bienne ; restait maintenant à trouver le moyen de la rendre sans effet ou de combattre son œuvre de destruction.

Après avoir reconnu que les microbes agissent
par les produits solubles qu'ils sécrètent, Pasteur
réussit, en quelque sorte, à faire leur éducation.
Il les amena, par son habileté et sa patience, à
modérer leurs sécrétions, à atténuer leur virulence jusqu'à la rendre inactive ou capable seulement de produire une maladie légère. C'est
cette espèce de domestication du virus qui
constitue le vaccin, conférant l'immunité, perma-
nente ou temporaire, de la maladie dont il est la
cause.

L'expérience qui amena Pasteur à la découverte
du premier vaccin fut faite à propos de la maladie
du choléra des poules. Le savant observa que
plusieurs cultures de microbes, abandonnées
quelque temps à l'air et semées sur de nouveaux
milieux, donnaient des microbes moins virulents
que les cultures fréquemment renouvelées. Les
poules inoculées avec ces virus atténués subis-
saient un malaise, mais ne succombaient pas.
Bien plus, elles étaient immunisées contre la
maladie par le fait d'inoculations graduées, partant du virus affaibli pour aller jusqu'au poison
en pleine virulence.

C'était une véritable révélation. Lorsque Pasteur rendit compte à l'Académie des sciences
de résultats aussi imprévus, il y eut au premier moment quelques doutes. On n'entendait pas sans surprise, appliqué au choléra des
poules, ce mot de vaccination exclusivement

réservé jusqu'alors à la découverte de Jenner.

Ce fut au Congrès médical international, tenu à Londres au mois d'août 1881, que Pasteur justifia le nom de sa découverte, devant trois mille médecins, venus de toutes les parties du monde, et qui l'acclamèrent avec un enthousiasme indescriptible : « J'ai prêté, disait-il, à l'expression de vaccination une extension que la science, je l'espère, consacrera comme un hommage au mérite et aux immenses services rendus par un des plus grands hommes de l'Angleterre, Jenner. »

C'était de la modestie de la part de Pasteur de s'abriter ainsi sous l'égide de l'inventeur anglais ; sa découverte, à lui, était d'une portée toute différente de celle de Jenner. La vaccine, fruit du hasard, est toujours restée sans fécondité ultérieure, tandis que le vaccin de Pasteur a ouvert la voie à d'autres découvertes plus belles encore et a révolutionné la médecine.

II

On peut prémunir un animal contre un microbe virulent, par une maladie bénigne que provoque, sur cet animal, ce même microbe affaibli dans sa virulence.

Tel était l'objet de la grande découverte de Pasteur ; mais cette méthode allait-elle pouvoir s'appliquer à toutes les maladies virulentes, voilà ce que le savant se demandait avec grande anxiété !

Le choléra des poules l'avait amené à s'occuper du charbon, maladie qui décimait alors les troupeaux par toute l'Europe. En France seulement, c'était par 15 et 20 millions de francs que se chiffraient les pertes subies dans certaines années.

Pasteur commença donc par la recherche du vaccin du charbon. Il s'entoura de deux collaborateurs zélés, M. Chamberland et M. Roux dont le nom est aujourd'hui célèbre. Avec eux, il se livra à tous les tâtonnements, à tous les essais ; mais il se heurtait à des difficultés qu'il n'avait pas rencontrées dans le choléra des poules.

Il tourna ces difficultés, multiplia les inoculations et les cultures, et doubla l'intensité de ses recherches. On le voyait sans cesse préoccupé, répondant à peine à ceux qui lui adressaient la parole et murmurant entre ses dents : « Ah ! que ce serait beau si l'on arrivait à cela !... si le fait de l'atténuation du microbe du choléra des poules n'était pas un fait isolé !... »

Et quand un interlocuteur voulait scruter sa pensée et l'interroger sur ses expériences, il le quittait en disant :

« — Non, laissez-moi, je ne puis rien dire, je n'ose formuler tout haut ce que j'espère. »

Il ne répondait plus même à sa famille, et son visage exprimait ce que sa fille appelait ingénieusement « sa figure à découverte prochaine. »

Un jour enfin, raconte son gendre, il remonta de son laboratoire le visage triomphant. « Sa joie était telle que les larmes lui montaient aux yeux. Jamais je n'ai vu sur une physionomie un plus grand rayonnement de toutes les émotions hautes et généreuses que peut contenir l'âme humaine :

« — Je ne me consolerais pas, nous dit-il en nous embrassant, si une découverte comme celle que nous venons de faire, mes préparateurs et moi, n'était pas une découverte française ! »

Ce fut le 28 février 1881 que la découverte de la vaccination charbonneuse fut annoncée à l'Académie des sciences ; la nouvelle fut accueillie par des applaudissements répétés, et cependant les résultats étaient si merveilleux, que quelques confrères ne purent s'empêcher de dire : « Il y a du roman dans tout cela. » On attendait avec anxiété l'épreuve publique qui répondrait à la communication annoncée, elle ne se fit pas attendre.

A peine les journaux eurent-ils publié le compte-rendu de cette séance que le président de la Société d'agriculture de Melun vint offrir à Pasteur de faire une expérience publique de vaccination charbonneuse. Pasteur s'empressa d'accepter.

« Le 28 avril, il y eut une sorte de convention passée entre M. Pasteur et la Société. La Société mettrait à la disposition de M. Pasteur et à celle de ses jeunes collaborateurs, MM. Chamberland et Roux, soixante moutons. Dix de ces moutons ne devaient recevoir aucun traitement. Vingt-cinq subiraient deux inoculations vaccinales, à douze ou quinze jours d'intervalle, par deux virus-vaccins d'inégale force. Quelques jours après, ces vingt-cinq moutons seraient soumis, en même temps que les vingt-cinq autres moutons restants, à une inoculation de charbon très virulent. Une expérience pareille aurait également lieu sur dix vaches. Six seraient vaccinées, quatre non vaccinées, et les dix vaches recevraient ensuite, le même jour que les cinquante moutons, l'inoculation du virus très virulent.

« M. Pasteur affirma que les vingt-cinq moutons non vaccinés périraient, que les vingt-cinq vaccinés résisteraient au virus très virulent, que les six vaches vaccinées ne seraient pas malades, tandis que les quatre autres non vaccinées, si elles ne mouraient pas, seraient du moins extrêmement malades.

« Dès que la presse scientifique et agricole eut publié ce programme et enregistré les prophéties de M. Pasteur, plusieurs de ses confrères à l'Académie des sciences, émus d'une telle hardiesse

Vaccination charbonneuse. — Expérience de la ferme de Pouilly-le-Fort.

devant un sujet enveloppé jusque-là d'obscurités profondes, craignant de voir l'illustre compagnie quelque peu compromise par ces affirmations devant ces problèmes de physiologie et de pathologie, adressèrent à M. Pasteur quelques observations sur ce qu'ils appelaient une imprudence scientifique.

« — Prenez garde, lui dirent-ils, vous vous engagez sans vous réserver une retraite possible. Vos expériences de laboratoire ne vous autorisent peut-être pas encore à tenter des expériences comme celles de Melun.

« — Sans doute, répondit Pasteur, dans nos expériences d'études, nous n'avons jamais eu à notre disposition un si grand nombre d'animaux à inoculer, mais j'ai pleine confiance. Ce qui a déjà été fait dans mon laboratoire m'est une garantie de ce que l'on peut faire. »

« Et M. Bouley, confiant aussi dans les assurances de son illustre ami, prenant rendez-vous avec lui pour assister à ces audacieuses expériences, dit à ses confrères inquiets :

« — Ne craignez rien, il reviendra en triomphateur. »

« Les expériences commencèrent le 5 mai 1881, à trois kilomètres de Melun, dans une ferme de la commune de Pouilly-le-Fort, appartenant à un vétérinaire, M. Rossignol, secrétaire général de la Société de Melun. Sur le désir de la Société d'agriculture, une chèvre avait remplacé un des

vingt-cinq moutons du premier lot. Le 5 mai, on
inocula, à l'aide de la petite seringue de Pravaz,
— celle dont on se sert dans toutes les injections
hypodermiques, — vingt-quatre moutons, la
chèvre et six vaches par cinq gouttes d'un virus
charbonneux atténué. Douze jours après, le
17 mai, on réinocula ces trente et un animaux
par un virus atténué, mais plus virulent que le
précédent.

« Le 31 mai était le jour de l'inoculation très
virulente. Des vétérinaires, des curieux, des
agriculteurs formaient foule autour de ce petit
troupeau. Les trente et un sujets vaccinés, attendant la terrible épreuve, étaient à côté des vingt-
cinq moutons et des quatre vaches qui attendaient aussi leur premier tour d'inoculation
virulente. Sur la proposition d'un vétérinaire qui
colora son scepticisme du désir de rendre les
épreuves plus comparatives, on inocula alternati-
vement un animal vacciné et un animal non
vacciné. Rendez-vous fut pris alors par M. Pasteur et toutes les personnes présentes pour le
jeudi 2 juin, c'est-à-dire après un intervalle de
quarante-huit heures depuis le moment de l'inoculation virulente.

« Plus de deux cents personnes s'étaient donné
rendez-vous à Melun. Le préfet de Seine-et-
Marne, M. Patinot, des sénateurs, des conseillers
généraux, des journalistes, un grand nombre de
médecins, de vétérinaires et de fermiers, tous

ceux qui croyaient et tous ceux qui doutaient étaient venus impatients du résultat. A leur arrivée dans la ferme de Pouilly-le-Fort, ils ne purent retenir un cri d'admiration. Sur les vingt-cinq moutons non vaccinés, vingt et un étaient morts charbonneux, la chèvre était morte aussi ; deux autres moutons se mouraient, et le dernier, déjà frappé, devait mourir le soir même. Les vaches non vaccinées avaient toutes des œdèmes volumineux au point d'inoculation, derrière l'épaule. La fièvre était intense et elles n'avaient plus la force de manger. Les moutons vaccinés étaient en pleine santé, en pleine gaieté. Les vaches vaccinées n'avaient aucune tumeur, elles n'avaient même pas subi une élévation de température, et elles continuaient à manger paisiblement.

« Il y eut devant ces résultats vraiment merveilleux une explosion d'enthousiasme. Les vétérinaires surtout, qui avaient accueilli avec une complète incrédulité l'annonce anticipée des résultats du programme des expériences, qui, dans leurs conversations, dans leurs journaux, avaient déclaré bien haut qu'il était difficile de croire à la possibilité de préparer des virus-vaccins capables de triompher de maladies aussi mortelles que le choléra des poules et le charbon, ne revenaient pas de leur surprise. Ils regardaient les morts, ils tâtaient les vivants.

« — Allons, dit à l'un d'eux M. Bouley, êtes-vous converti ? Il ne vous reste plus qu'à vous incliner devant le maître, ajouta-t-il en montrant M. Pasteur, et à vous écrier :

Je vois, je sais, je crois, je suis désabusé.

« Devenus subitement les fervents apôtres de la nouvelle doctrine, les vétérinaires allèrent partout proclamer ce qu'ils venaient de voir. Un de ceux qui avaient le plus douté poussa le prosélytisme jusqu'à vouloir se faire vacciner lui-même. Ce vétérinaire, du département de l'Yonne, s'inocula ces deux vaccins, sans autre accident qu'une légère fièvre. Il fallut tous les efforts de sa famille pour l'empêcher de s'inoculer le virus très virulent.

« Un mouvement extraordinaire se produisit de toutes parts en faveur de la vaccination. Un grand nombre de sociétés agricoles voulurent répéter la célèbre expérience de Pouilly-le-Fort ; les cultivateurs accablèrent M. Pasteur de demandes de vaccins. M. Pasteur dut installer, rue Vauquelin, à quelques pas de son laboratoire, une petite fabrique de préparation de ces vaccins. A la fin de l'année 1881, il y avait déjà 33,946 animaux vaccinés ; en 1882, ce chiffre s'élevait à 299,102, et en 1883, plus de 100,000 animaux s'ajoutaient au total de 1882 (1). »

Jamais triomphe n'avait été plus complet, et la

Hist. d'un savant, p. 316.

gloire du maître s'élevait à la hauteur des services immenses qu'il venait de rendre à l'élevage
du monde entier.

Il n'y eut que les médecins allemands, et le
fameux docteur Koch à leur tête, qui continuèrent
à discuter la méthode de l'atténuation des virus.
Pasteur garda tout d'abord le silence, puis comme
on lui écrivait de différents points de l'Allemagne
pour obtenir du vaccin charbonneux, il répondit
que puisque la découverte était si vivement con-
testée en Prusse, il serait utile d'y tenter, avant
toute expédition de vaccin, une expérience publique semblable à celle de Pouilly-le-Fort.

Le directeur de l'Ecole vétérinaire de Berlin
accepta, et les résultats furent aussi heureux que
ceux de Melun ; malgré tout, Koch semblait ne
pas vouloir se rendre. Pasteur résolut de le con-
vaincre directement et chercha l'occasion de le
rencontrer. Il la trouva au Congrès de Genève
en 1882.

Pasteur monta à la tribune, réfuta les critiques
du docteur allemand, présent avec tous ses élèves,
et l'invita à une discussion en règle devant des
juges compétents. Koch déclina l'offre et répondit qu'il préférait répliquer par la voie de la
presse.

Après trois mois d'un prudent silence, il se
décida à publier une petite brochure, mais ce ne
fut que pour reconnaître les bienfaits de l'atténuation des virus.

Tous les ennemis étaient donc désarmés, et
Pasteur pouvait jouir en paix de la gloire qui
rayonnait autour de son nom. Mais dans la voie
où s'était engagé le savant inventeur, il n'y a ni
paix, ni repos : il lui restait un autre labeur qui
devait mettre le couronnement à son œuvre.

CHAPITRE VII

La Rage.

I

Quelle que fût jusqu'alors l'importance des services rendus par les découvertes de Pasteur, on peut dire qu'ils s'effacent presque entièrement devant la faveur immense dont il lui restait à gratifier l'humanité.

Il est un mal terrible qui a toujours eu le triste privilège d'effrayer les esprits : l'horreur de ses symptômes, la fatalité de ses conséquences suffisent pour expliquer les appréhensions que son seul nom inspire.

La rage ne se développe pas spontanément chez l'homme : elle lui est communiquée par la morsure d'animaux déjà enragés. C'est dans la bave de ceux-ci qu'est contenu le virus rabique ; il en résulte que toute personne mordue n'est pas fatalement atteinte de la rage. Outre qu'elle n'est peut-être pas en état de réceptivité, elle peut être préservée contre la bave par les vêtements qui recouvrent les parties lésées.

Généralement, la rage ne se manifeste que plusieurs semaines (de trois à huit) après la morsure ; c'est que le malade passe par trois périodes différentes : 1° une période de mélancolie ; 2° une période de fureur ; 3° une période de paralysie ou d'asphyxie.

La première période se manifeste par des accès de tristesse et de mélancolie inaccoutumée ; le malade est inquiet, agité, il parle peu et recherche la solitude. Le chien est encore docile à la voix de son maître, mais il faut déjà l'approcher avec défiance, car si on l'irrite, il peut faire une blessure dangereuse.

Dans la période de fureur, le chien a des hallucinations, on le voit s'élancer la gueule ouverte contre des ennemis invisibles qu'il voudrait déchirer ; la langue pendante laisse découler une salive écumeuse. Les effets produits chez l'homme sont des frissons et des convulsions inusités ; le pouls devient irrégulier, la respiration troublée et le cœur n'a pas son mouvement habituel. Ajoutez à cela l'horreur de l'eau : le malade a soif, il veut boire, mais il ne peut avaler le verre d'eau qu'on lui présente.

A la période de paralysie chez l'animal et d'asphyxie chez l'homme, la bouche se remplit d'une écume blanchâtre ; les accès convulsifs deviennent plus violents et plus fréquents, jusqu'au dernier qui amène la mort. Le chien meurt paralysé et chez l'homme la contraction des muscles de la respiration entraîne l'asphyxie.

Jusqu'à 1885, le seul traitement de la rage consistait en cautérisations énergiques immédiatement après la morsure et, une fois la rage déclarée, le malade était considéré comme infailliblement perdu. Pasteur, seul, a eu l'honneur de dompter ce mal horrible et de ramener, avec la possibilité de la guérison, l'espérance au cœur de l'homme.

Les études microbiennes avaient depuis longtemps attiré l'attention du savant sur la rage, et il se proposait d'en faire le sujet de ses expériences quand, en 1880, le docteur Lannelongue lui signala un cas intéressant d'hydrophobie.

Un enfant de cinq ans, qui avait été mordu au visage un mois auparavant, se mourait à l'hôpital Trousseau. Dévoré d'une soif ardente, il demandait à boire et rejetait le verre que lui présentait la Sœur, avec les marques de la plus vive colère. En se débattant, un de ses pieds sortit du lit. Un interne souffla dessus légèrement. Ce mouvement presque insensible suffit pour le faire entrer dans une fureur telle qu'il tomba en délire. Les matières spumeuses emplirent son gosier et finirent par l'étouffer.

Pasteur recueillit la salive de l'enfant avec laquelle il inocula deux lapins ; trente-six heures après les lapins étaient morts, et la salive de ces lapins morts transmettait la maladie à de nouveaux lapins. Aussitôt le savant s'arme de son microscope pour étudier le sang et les tissus des lapins inoculés; chez tous, malades ou morts, il découvre la présence d'un microbe spécial.

Etait-ce le microbe de la rage?... Le docteur Raynaud l'affirmait, Pasteur en doutait encore et avec raison, car les lapins inoculés mouraient bien en deux jours, mais d'une maladie qui n'avait aucun des caractères de la rage.

Il fallait donc reprendre et multiplier les expérimentations : Pasteur, s'apercevant que la bave rabique perd sa virulence en vingt-quatre heures et qu'il est difficile d'en avoir toujours de fraîche, se mit à inoculer aux lapins et aux chiens différentes parties du cervelet et du bulbe de chiens hydrophobes. Les animaux inoculés devenaient hydrophobes après une incubation assez longue, comme après la morsure d'un animal enragé.

L'idée vint alors au savant d'abréger cette incubation en introduisant la matière rabique dans le crâne; l'incubation put être ainsi réduite à une vingtaine de jours, et il fut établi que la terrible maladie avait pour siège principal les centres nerveux.

Quant au microbe lui-même, personne ne pouvait le découvrir, bien que le docteur Roux, un des collaborateurs de Pasteur, ait cru l'apercevoir sous forme de petits points à peine perceptibles avec les plus forts grossissements : cela reste douteux, car malgré tous les efforts on ne pouvait obtenir de culture.

Sur ce point les expériences se succédaient, mais sans résultat. « Il y avait des jours, dit le gendre de Pasteur, où les préparateurs se demandaient s'il ne serait pas plus sage de renoncer à poursuivre le problème dans tous ses détails.

« — Non, répondait le savant, il faut aller jusqu'au bout. Assemblons, accumulons les faits. »

« Pendant plus de trois ans, le laboratoire fut converti en chenil. Chiens mordeurs et chiens mordus étaient dans toutes les cages. En dehors de ces hôtes habituels, il ne se passait pas à Paris un cas de rage dont M. Pasteur ne fût averti. Un jour, le vétérinaire, M. Bourrel, lui télégraphia : « Caniche et bouledogne en plein accès, venez. » M. Pasteur nous proposa de l'accompagner et nous partîmes en emportant six lapins dans un panier. Les deux chiens étaient rabiques au dernier point. Le bouledogue, surtout, un énorme bouledogue, hurlait, écumait dans sa cage. On lui tendit une barre de fer, il se jeta sur elle, et on eut grand'peine à la retirer de ses crocs ensanglantés. On approcha alors un des lapins de la cage et on fit passer à travers les barreaux l'oreille pendante du lapin effaré. Mais, malgré les excitations, le chien se rejeta dans le fond de sa cage et refusa de mordre. « Il nous faut cependant, dit M. Pasteur, inoculer les lapins avec cette bave. »

« Deux garçons prirent une corde à nœud coulant et la jetèrent au chien comme on jette un lacet. Le chien fut pris et ramené sur le bord de la cage; on s'en empara, on lui lia la mâchoire et le chien, étouffant de colère, les yeux injectés de sang, le corps secoué d'un spasme furieux, fut étendu sur une table et maintenu immobile, pendant que M. Pasteur, penché à la distance d'un doigt sur cette tête écumante, aspirait, à l'aide d'un tube effilé, quelques gouttes de bave (1). »

Pendant cinq années il renouvela ses expériences et après bien des hésitations, des craintes, des inquiétudes douloureuses, il arriva à découvrir la vaccination antirabique.

Comme le vaccin de Jenner préserve de la petite vérole, ainsi l'inoculation d'un virus atténué devait rendre les vaccinés absolument réfractaires à la rage. Voilà comment Pasteur était arrivé à la découverte de ce vaccin :

En trépanant des lapins et en leur inoculant sous les méninges une moelle rabique de chien enragé, il avait constaté que ces animaux devenaient enragés après une période de quinze jours; en employant des virus plus violents, la rage se déclarait au bout de sept jours, tandis qu'au contraire, en opérant avec des virus atténués par une dessiccation calculée, il rendit les animaux ainsi traités réfractaires à la rage.

(1) M. Vallery-Radot, p. 388.

M. Pasteur aspirait, à l'aide d'un tube effilé, quelques gouttes de bave.

Chiens, singes, moutons furent l'objet des expériences les plus variées et les plus multipliées ; toutes réussirent également et il resta acquis que la vaccination était aussi efficace par inoculation du virus sous la peau que par la trépanation.

Il ne restait plus qu'à tenter l'expérience sur l'espèce humaine, mais bien que le savant fût convaincu que ses inoculations seraient pour le moins inoffensives, on comprend qu'il hésitait à les risquer, et on devine de quelle angoisse il fut saisi quand on lui amena d'Alsace un enfant de neuf ans, le petit Meister, qui avait été mordu par un chien enragé.

En effet, le bruit s'était répandu partout en France, et même à l'étranger, que Pasteur avait trouvé le vaccin de la rage : et beaucoup de praticiens ne doutaient pas qu'il réussît en cette délicate matière, comme il avait réussi dans les autres.

La redoutable expérience eut lieu au mois de juillet 1885, au laboratoire de la rue d'Ulm. Elle est trop intéressante pour que nous ne la racontions pas dans tous ses détails :

« Le 4 juillet, dit un témoin oculaire, à huit heures du matin, Joseph Meister, âgé de neuf ans, fils aîné d'un garçon boulanger qui habite Steige, se rendait seul de ce village à l'école voisine de Meissengott. Il suivait un petit chemin écarté, un chemin d'écolier, quand un chien se précipita sur lui et le terrassa. L'enfant n'essaya pas de lutter. Il couvrit son visage de ses bras. Le chien le

mordit, le roula, s'acharna sur lui. Un maçon vit
de loin la scène et accourut. Armé d'une barre de
fer, il frappa à coups redoublés le chien, qui se
sauva et rentra se jeter sur son maître.

« Le maître, Théodore Vone, épicier à Meissengott, prit un fusil et tua son chien. Bave à la
gueule, paille et fragments de bois dans l'estomac,
toutes les présomptions de la rage furieuse étaient
là. Les parents du petit Meister crurent d'abord à
la simple rencontre d'un mauvais chien. La
journée se passa à soigner, à laver les quatorze
blessures de l'enfant. Mais le soir, la mère effrayée
de tout ce qu'elle apprenait : accident arrivé au
propriétaire du chien, détermination soudaine de
ce propriétaire à tuer le chien d'un coup de fusil,
conduisit le petit Joseph au docteur Weber, de
Villé.

« M. Weber fit quelques cautérisations à l'acide
phénique et conseilla à Madame Meister de partir
pour Paris et de conduire son enfant à quelqu'un
qui, seul, devant la gravité d'un tel cas, serait
capable de donner un bon conseil. « Ce quelqu'un qui demeure rue d'Ulm, ajouta le médecin,
s'appelle M. Pasteur. »

« M. Théodore Vone voulut accompagner cette
mère, de plus en plus inquiète, et cet enfant, dont
les blessures à la jambe et aux cuisses étaient
telles qu'elles rendaient sa marche incertaine,
traînante. Ils arrivèrent au laboratoire le lundi
matin, 6 juillet.

« M. Pasteur, très troublé, ému du malheur de ces pauvres gens, plein de confiance dans ses dernières expériences, mais plein d'angoisses à l'idée de tenter sur cet enfant une application de sa méthode, alla dire à M. Vulpian et au docteur Grancher, professeur à la Faculté de médecine, le disciple et l'ami de M. Pasteur, la situation qui se présentait à lui face à face.

« M. Vulpian et M. Grancher vinrent immédiatement voir le petit Joseph Meister ; ils examinèrent ses blessures et, d'un commun accord, conseillèrent à M. Pasteur d'essayer sur cet enfant, presque condamné, la méthode qui avait constamment réussi pour les chiens. M. Pasteur organisa dans une des dépendances de son laboratoire — le vieux collège Rollin — une chambre pour la mère et l'enfant. Cette brusque installation ressemblait à un déménagement.

« L'enfant s'en amusa et regarda les chiens, les poules, les lapins, les cochons d'Inde, tout ce petit peuple d'animaux en expérience, parqués dans cet enclos de la rue Vauquelin comme dans une ferme d'Alsace. Le soir, à huit heures et demie, on vient le chercher pour le mener au laboratoire. Au milieu des cornues, des tubes, des matras, il promenait un regard d'étonnement effaré. M. Vulpian et M. Grancher l'attendaient. Une seringue Pravaz, contenant la première inoculation, était prête. Quand ce petit vit entre les mains du docteur Grancher cette pointe acérée,

Inoculation du vaccin antirabique sur le jeune Joseph Meister.

BIBLIOTHÈQUE NATIONALE IMPRIMÉS

il eut peur et se mit à pleurer. Sa mère, pleurant aussi, le déshabilla, et l'injection, non virulente celle-là, fut donnée.

« Le traitement devait simplement consister en une piqûre faite sous la peau, au bas des côtes, par des virus que M. Pasteur jugeait devoir préserver le petit Meister de la rage. Mais, à mesure que le traitement touchait à sa fin et que se succédaient les inoculations du virus le plus virulent, M. Pasteur était cruellement inquiet. Jours d'angoisses, nuits sans sommeil, brusques transitions des grandes espérances aux battements effroyables, voilà de quoi la gloire est faite. Le 18 juillet, deux jours après la treizième et dernière inoculation, M. Pasteur, cédant aux instances de ceux qui l'entouraient, confia le petit Meister au docteur Grancher et consentit à prendre quelque repos loin de son laboratoire.

« Une hospitalité de famille l'attendait dans un coin paisible des bois du Morvan. Mais au milieu de ce calme profond, l'inquiétude le poursuivait affreusement. Les lettres et les dépêches rassurantes du docteur Grancher avaient beau se succéder, M. Pasteur avait toujours devant les yeux cette figure d'enfant qui lui paraissait malade, mourant, mourant en pleine rage.

« Ce fut le 27 juillet seulement que le petit Meister retourna en Alsace. Il avait voulu emporter une cage de deux lapins et de deux cochons d'Inde, nés au laboratoire, et qui n'étaient pas encore inoculés. Alors s'établit entre M. Pasteur et Joseph Meister une correspondance régulière.

« Le petit Meister devait envoyer tous les quatre jours, puis tous les huit jours, puis tous les quinze jours, son bulletin de santé. Avec quelle impatience était attendue l'arrivée de cette grosse écriture tremblée d'enfant à son « cher Monsieur Pasteur », selon l'expression habituelle du petit Alsacien ! Quelquefois, Meister oubliait de répondre exactement à son correspondant.

« C'est bien ingrat de ma part, lui écrivait-
« il dans la dernière quinzaine du mois d'août,
« de ne pas vous donner de mes nouvelles,
« tandis que vous, mon cher Monsieur Pasteur,
« vous êtes si soucieux de ma santé. Je vous
« en remercie mille fois, ainsi que mes chers
« parents. C'est avec joie que je vous répète que
« je me porte bien et que je mange bien. »

« Le 26 octobre, le jour où M. Pasteur communiqua à l'Académie des sciences le procès-verbal de cette expérience et montra par quelles méthodes il était parvenu, après cinq années d'efforts, à ce qu'il appela modestement une tentative heureuse, toute l'Académie applaudit avec émotion, et M. Vulpian, de sa voix calme, réfléchie, habituée à peser chaque mot, dit simplement : « Ce nouveau travail met le sceau à la gloire

« de M. Pasteur et jette un éclat incomparable
« sur notre pays (1). »

II

La première expérience tant redoutée de Pasteur avait donc réussi ; pouvait-on en conclure que le remède de la rage était définitivement trouvé ?... Ne fallait-il pas d'autres expériences pour déterminer la valeur du vaccin antirabique ?... Oui évidemment, mais le savant pouvait désormais agir avec plus de confiance.

Ce qui le préoccupait, c'était l'intervalle entre l'instant des morsures et celui où pouvait commencer le traitement. Le petit Meister lui était arrivé deux jours et demi seulement après l'accident ; il fallait s'attendre habituellement à un délai beaucoup plus considérable. Que surviéndrait il alors ?...

La seconde expérience fut faite sur un berger du Jura, Jean-Baptiste Jupille, dont la statue orne une des cours de l'Institut Pasteur ; quand il arriva à Paris, il y avait six jours pleins qu'il avait été mordu, aux deux mains, dans des circonstances exceptionnellement graves.

Pasteur fut un peu troublé de ce retard de

(1) Cité par E. BOURNAND. *Pasteur sa vie, son œuvre*, p. 83.

six jours, mais il garda cependant confiance dans l'efficacité de son remède et voici en quels termes il communiqua à l'Académie sa nouvelle tentative :

« L'Académie n'entendra peut-être pas sans émotion le récit de l'acte de courage et de présence d'esprit de l'enfant dont j'ai entrepris le traitement mardi dernier. C'est un berger, âgé de quinze ans, du nom de Jean-Baptiste Jupille, de Villers-Farlay (Jura), qui, voyant un chien à allures suspectes, de forte taille, se précipiter sur un groupe de six de ses camarades, tous plus jeunes que lui, s'est élancé, armé de son fouet, au devant de l'animal. Le chien saisit Jupille à la main gauche ; Jupille alors terrasse le chien, le maintient sous lui, lui ouvre la gueule avec sa main droite pour dégager sa main gauche, non sans recevoir plusieurs morsures nouvelles ; puis, avec la lanière de son fouet, il lui lie le museau, et, saisissant l'un de ses sabots, il l'assomme. Je m'empresserai de faire connaître à l'Académie ce qui adviendra de cette nouvelle tentative. »

Jupille fut guéri comme Joseph Meister et la presse tout entière retentit d'un concert d'éloges en l'honneur du savant. A partir de cet instant on peut dire que sa gloire fut consacrée : de toutes parts arrivèrent des mordus. Jamais on n'avait supposé que la rage faisait tant de victimes.

Pasteur les reçut tous, les traita tous et, on peut dire, les guérit tous. Cependant un jour on lui amena une enfant de dix ans, la jeune Louise Pelletier, qui avait été *mordue trente-sept jours auparavant*. Elle était blessée au creux de l'aisselle et derrière la tête s'étendait une plaie profonde, purulente et sanguinolente. Dès le premier coup d'œil, cette plaie inspira au savant de cruelles inquiétudes.

Dans l'intérêt scientifique de sa méthode, il aurait dû refuser de soigner cette enfant arrivée si tard et avec des symptômes exceptionnellement graves ; mais par un sentiment d'humanité et en face des angoisses des parents, il préféra sacrifier un peu de sa gloire pour essayer d'être utile à la pauvre enfant.

Le traitement avait commencé le 9 novembre 1885. Dès le 27, les symptômes avant-coureurs de l'hydrophobie se manifestèrent ; le 1ᵉʳ décembre, ils étaient plus évidents encore et la mort survint avec les symptômes rabiques les plus accusés, dans la soirée du 3 décembre.

Aussitôt l'opinion publique s'émut, et la presse, amie du tapage, voulut profiter de cet échec pour infirmer la découverte de Pasteur. Quelques journaux allèrent plus loin et insinuèrent que la mort de Louise Pelletier était due, non pas aux morsures du chien, mais au virus des inoculations.

Pour être isolées, ces attaques n'en étaient

pas moins violentes, et elles empêchèrent quelques personnes de se présenter au laboratoire. Une Hongroise, mordue par un chien enragé et arrivée immédiatement à Paris pour se faire soigner par Pasteur, resta six jours sans oser frapper à la porte du savant. Quand il la questionna sur la cause de son retard, elle répondit : « Après ce qu'on m'avait fait lire, je n'avais « plus confiance. »

. Bientôt Pasteur put fermer la bouche aux plus exigeants par le mémoire suivant adressé à l'Académie :

« On s'est demandé quel virus a causé la mort de Louise Pelletier, celui de la morsure du chien, ou celui des inoculations faites par mes soins ? Il m'est possible de le déterminer. Vingt-quatre heures après la mort de l'enfant, avec l'autorisation de ses parents et du préfet de police, le crâne fut trépané dans la région de la blessure, et une petite quantité de la matière cérébrale fut aspirée, puis inoculée par la méthode de la trépanation à deux lapins.

« Ces deux lapins furent pris de rage paralytique dix-huit jours après, et tous les deux au même moment. Après la mort de ces lapins, leur moelle allongée fut inoculée à de nouveaux lapins qui prirent la rage après une durée d'incubation de quinze jours.

« Ces virus expérimentaux suffisent pour démontrer que le virus qui a fait mourir la jeune

Pelletier était le virus du chien par lequel elle avait été mordue. Si la mort avait été due aux effets du virus des inoculations préventives, la durée de l'incubation de la rage, à la suite de cette seconde inoculation à des lapins, aurait été de sept jours au plus. Cela résulte des explications de ma précédente note à l'Académie. »

Pasteur n'avait donc pas tué Louise Pelletier ; de plus, au 1er mars de l'année 1886, il avait traité et sauvé 350 personnes et, au 12 avril suivant, ce nombre s'élevait à 726.

L'époque de crainte et d'hésitation était donc passée et maintenant les mordus par les chiens et par les loups enragés venaient de tous les points du globe se faire soigner à l'Institut Pasteur. « De tous les coins de la France, des extrémités de l'Europe, ils arrivaient par séries de quinze, de vingt, de quarante à la fois. C'étaient souvent des indigents : M. Pasteur les hébergeait. Les hôtels du voisinage étaient transformés en succursales du laboratoire. La cour de l'Ecole normale devint une cour des miracles où régnait la confusion des langues. Français de toutes les classes ; petits Anglais avec le large col blanc rabattu sur la veste noire ; paysans Italiens enveloppés dans leur grand manteau de laine ; Espagnols à béret ; Arabes à burnous, que de mordus ont passé dans ce cabinet d'inoculations !

« Au mois de mars 1886 arrivèrent dix-neuf

paysans Russes des environs de Smolensk, vêtus de peaux de bêtes et qui avaient été mordus par un loup enragé. Ce loup, fuyant deux jours et deux nuits à travers la campagne, s'était jeté si furieusement sur ces paysans qu'il les avait, les uns défigurés, les autres lacérés et meurtris. Plaies hideuses qui faisaient rêver d'un musée Dupuytren ! Cette série de Russes était d'autant plus préoccupante que si, d'après les statistiques officielles, il meurt une personne sur six à la suite de morsures de chiens enragés, les morts à la suite de morsures de loups enragés sont dans une proportion beaucoup plus grande. Le virus est le même, mais la plupart du temps le chien mord et passe, tandis que le loup, en s'acharnant sur sa victime, multiplie l'introduction du virus. Souvent sur vingt personnes mordues par un loup enragé, les vingt meurent. C'est miracle quand on en sauve deux ou trois.

« Sur les dix-neuf Russes de Smolensk, seize furent guéris.

« La proportion se trouvait renversée. Les trois qui succombèrent portaient à la tête d'horribles blessures. Peut-être aurait-on eu quelque chance de les guérir, en pratiquant immédiatement les inoculations préventives. Mais le moyen de parer, au bout de quinze jours, à des accidents tels que l'économie tout entière était envahie ? On retrouva à l'autopsie, dans le crâne d'un de ces malheureux, une dent cassée du loup.

« Lorsque, à la veille de leur départ, les seize autres guéris franchirent pour la dernière fois la porte du laboratoire, ils éprouvaient une vénération aussi religieuse que s'ils eussent franchi la porte du Kremlin.

« Et dans cette cour de la rue d'Ulm, à l'entrée de cette petite salle étroite et basse où de si grandes choses ont été faites, le défilé de ces Russes, au milieu de tous ceux qui attendaient leur tour de salut, semblait personnifier la reconnaissance des peuples (1). »

III

Mais si le vulgaire, si la multitude était conquise, il restait encore parmi les collègues de Pasteur des défiances à dissiper, ou plutôt des jalousies à vaincre ; le savant n'en avait pas fini avec les attaques d'adversaires plus ou moins loyaux.

Toute méthode nouvelle est l'objet des critiques les plus sévères : on a contesté la vaccine et jusqu'à la circulation du sang du physiologiste Harvey, Pasteur pouvait donc s'attendre à ce

(1) *Hist. d'un savant par un ignorant*, p. 409.

que le traitement, dit *prophylaxique de la rage*, soulevât d'ardentes polémiques.

A côté de critiques qui tout d'abord purent être sincères, s'élevèrent bientôt des calomnies et des guerres sourdes que rien ne peut justifier.

Lorsque sur une centaine de personnes traitées survenait un cas de mort, on en profitait pour célébrer ironiquement les effets de la découverte du virus rabique ; et si même cet accident isolé se faisait par trop attendre, une plume complaisante ne se refusait pas à signaler par une lettre anonyme un cas de rage des plus caractérisés en dépit des inoculations.

La fausse nouvelle atteignait son but, elle frappait en plein cœur un homme d'une sensibilité exquise et d'une bonne foi parfaite, qui ne soupçonnait même pas les procédés mesquins employés pour combattre le succès de sa méthode.

Des travaux aussi absorbants, des émotions aussi continues, une vue de la souffrance aussi prolongée, chez un homme qui n'y avait pas été préparé par les études de sa jeunesse, avaient réduit Pasteur, au milieu de l'année 1886, à l'impuissance de continuer ses études de laboratoire.

Il fallut l'arracher comme malgré lui à ses expériences pour aller demander à la solitude et à l'air vivifiant de la mer, le renouvellement d'une santé compromise par l'excès du travail.

Les adversaires profitèrent de cette absence pour redoubler la violence de leurs attaques. M. Peter qui s'était chargé de diriger cette triste campagne ne craignit pas de déclarer devant l'Académie que la méthode de prophylaxie de la rage après morsure, employée par Pasteur, était non seulement inefficace, mais dangereuse ; il osa insinuer, à la honte de la science, qu'au laboratoire de la rue d'Ulm, on cachait les morts survenues après les inoculations. Cette idée dont s'empara la presse ignorante et maligne arriva donc à se présenter sous cette forme saisissante : M. Pasteur ne guérit pas la rage, il la donne.

Le docteur Vulpian et M. Grancher ne pouvaient, en l'absence de leur éminent ami, laisser passer inaperçues des assertions si odieuses. Le premier se chargea de démasquer en pleine Académie les intentions douteuses de son collègue :

« Quel est, demanda-t-il, le but poursuivi par M. Peter ? Est-ce de démontrer que la méthode qu'il combat a eu quelque insuccès ? Evidemment notre collègue n'aurait pas pris la parole pour une pareille démonstration, car elle a déjà été faite : et par qui ? Par M. Pasteur lui-même. Notre collègue n'a pas craint d'accuser d'une façon mal déguisée M. Pasteur de dissimuler ses insuccès. Comment ne pas être indigné quand on entend *une pareille accusation lancée contre un homme tel que M. Pasteur, dont la bonne foi, la loyauté, la probité scientifique peuvent servir de modèles à ses adversaires comme à ses amis ?* Jamais M. Pasteur n'a laissé ignorer les revers de sa méthode. Chaque fois qu'il a publié des statistiques, il y a fait figurer les rares cas dans lesquels la méthode qu'il a créée n'avait pas empêché la rage de se développer. »

Puis, prenant directement à parti le docteur Peter, il ajoutait :

« Que veut notre collègue ? Est-ce empêcher toutes les personnes mordues par un animal enragé ou suspect, de recourir au traitement de M. Pasteur ? Quelle responsabilité n'assume-t-il pas ? s'il réussit à détruire la confiance que tant de succès ont inspirée aux médecins et aux personnes blessées par des animaux enragés, combien de morts n'aura-t-il pas à se reprocher ?

« Qu'il cesse cette guerre sans excuse. Il attaque inconsidérément une des plus grandes découvertes qui aient jamais été faites. La série des recherches qui ont conduit M. Pasteur à cette découverte est, en tout point, admirable. Grâce à M. Pasteur, cette maladie épouvantable, la rage, qui était le type des maladies incurables, peut être prévenue, empêchée, presque à coup sûr. La méthode est scientifique au premier chef ; elle est efficace à un degré inespéré ; enfin, elle ne présente aucun danger.

« M. Peter voulait entraîner l'Académie à

le suivre dans sa lutte inexplicable contre M. Pasteur. Il n'a pas pu ébranler l'Académie et il aurait bien dû le prévoir. Il eût peut-être été satisfait s'il avait pu arrêter le courant qui porte toutes les personnes mordues par des animaux enragés vers les laboratoires où l'on pratique le traitement par la méthode Pasteur. Il ne réussira pas dans cette tâche anti-humanitaire et coupable par conséquent. J'espère qu'il n'aura pas le remords d'avoir plongé dans les angoisses les plus terribles les nombreux mordus, inoculés depuis quelques semaines, auxquels il annonce, par la voie académique, qu'ils sont soumis à un traitement dangereux et inutile. Que ces inoculés se rassurent ! Ils sont certains de ne pas être atteints de la rage. »

Quelques mois après, le docteur Vulpian n'était plus, mais Pasteur rentrait à Paris et pouvait produire devant l'Académie des sciences le rapport de la commission anglaise chargée d'étudier la méthode de prophylaxie de la rage. C'était un témoignage de confiance entière et unanime dans l'œuvre du savant.

Après cet hommage venu de l'étranger, il n'y avait plus pour clore le débat qu'à entendre la voix des princes de la science et de la médecine française. Il était réservé à MM. Brouardel et Charcot de donner le dernier mot :

« L'inventeur de la vaccination antirabique, dit le docteur Charcot, peut aujourd'hui, plus

que jamais, marcher la tête haute et poursuivre
l'accomplissement de sa tâche glorieuse, sans
s'en laisser détourner un seul instant par les
clameurs de la contradiction systématique ou
par les murmures insidieux du dénigrement. »

A partir de ce jour, les attaques cessèrent et
Pasteur put jouir en paix, dans le calme de
la sérénité, d'une gloire incontestée.

CHAPITRE VIII

Pasteur à l'Académie.

I

Nous venons de voir tout ce que Pasteur avait fait pour l'humanité ; arrêtons-nous un instant à considérer ce que l'humanité essaya de faire pour lui.

L'Institut n'avait pas attendu ses dernières découvertes sur la rage pour l'attirer dans son sein ; dès 1862, l'Académie des sciences lui ouvrait ses portes et lui donnait la place laissée vacante par la mort de M. de Sénarmont. Pendant quelques années même, il remplit les délicates fonctions de secrétaire perpétuel de la savante compagnie jusqu'à ce que des travaux multipliés et une santé compromise lui eussent rendu cette tâche impossible.

Créé chevalier de la Légion d'honneur dès 1853, il était nommé, dix ans plus tard, officier du même ordre, puis commandeur en 1868, grand-officier dix ans après, et enfin grand-croix le 7 juillet 1881.

La même année, l'Académie française, se conformant à des traditions anciennes en appelant les savants dans son sein, s'honorait en offrant à Pasteur le siège du philosophe positiviste Littré. Ce fut un grand jour pour l'Institut que celui où Pasteur prononça l'éloge du disciple d'Auguste Comte et fut reçu par le pontife de la libre-pensée, Ernest Renan.

L'école matérialiste, qui, à cette époque (avril 1862), menait grand bruit autour du cercueil du célèbre Darwin qui venait de mourir, escomptait un nouveau triomphe dans l'œuvre de Littré et le discours de Renan ; mais d'un autre côté, le spiritualisme avait besoin d'une revanche, et on se demandait si l'aménité du langage académique permettrait bien au nouvel élu de prendre ses coudées franches et de garder sa liberté d'allure.

Nous allons voir que le savant, doublé d'un penseur et d'un lettré, fut à la hauteur de sa tâche ; la journée du 27 avril 1888 resta comme une des plus éclatantes victoires de la vérité sur l'erreur.

Les œuvres littéraires de Pasteur sont trop restreintes pour que nous ne donnions pas aux pages où il a pu révéler ses convictions et les désirs de son cœur l'importance qu'elles méritent.

C'était donc au récipiendaire à prendre le premier la parole. Il le fit avec cette modestie qui caractérise tous les vrais amis de la science, surtout lorsque leur foi chrétienne permet de l'élever à la hauteur d'une vertu.

« Messieurs, dit-il en commençant, au moment où je me présente devant cette illustre assemblée, je sens renaître l'émotion qui s'est emparée de moi le jour où j'ai sollicité vos suffrages. Le sentiment de ce qui me manque me saisit de nouveau, et je serais confus de me trouver à cette place, si je n'avais le devoir de reporter à la science elle-même l'honneur, pour ainsi dire impersonnel, dont vous m'avez comblé.

« La science enfante chaque jour des prodiges. Vous avez voulu témoigner une fois de plus de l'impression profonde que le monde, les habitudes de la vie, les lettres à leur tour, reçoivent de tant de découvertes accumulées. Si vous avez daigné jeter les yeux sur moi, la nature de mes travaux a sans doute parlé en ma faveur. Par quelques points, ils intéressent les manifestations de la vie. »

Après cet exorde, le savant, entraîné par l'esprit de vérité et de droiture, expose franchement sa profession de foi devant un public très mêlé :

« Messieurs, en prouvant que jusqu'à ce jour, dit-il, la vie ne s'est jamais montrée à

l'homme comme un produit des forces qui ré-
gissent la matière, j'ai pu servir la doctrine
spiritualiste, fort délaissée ailleurs, mais assurée
du moins de trouver dans vos rangs un glorieux
refuge.

« Peut-être aussi m'avez-vous su gré d'avoir
apporté dans cette question ardue de l'origine des
infiniment petits, une rigueur expérimentale qui a
fini par lasser la contradiction. Reportons-en toutefois le mérite à l'application sévère des règles de
la méthode que nous ont léguée les grands expé-
rimentateurs : Galilée, Pascal, Newton et leurs
émules depuis deux siècles. Admirable et souveraine méthode, qui a pour guide et pour contrôle
incessant l'observation et l'expérience, dégagées,
comme la raison qui les met en œuvre, de tout
préjugé métaphysique ; méthode si féconde, que
des intelligences supérieures, éblouies par les
conquêtes que lui doit l'esprit humain, ont cru
qu'elle pouvait résoudre tous les problèmes.
L'homme vénéré dont j'ai à vous entretenir par-
tagea cette illusion. »

A mesure que l'académicien continuait son discours, le débit, commencé d'une voix quelque
peu monotone, s'échauffait au contact des
applaudissements de l'auditoire ; le geste, peu
à peu, venait souligner la phrase qui tombait
toujours d'une correction, d'une élégance irré-
prochables.

Abordant l'étude de la vie de Littré, il s'appliqua à en faire ressortir les qualités morales, et surtout la simplicité, l'austérité et l'amour du travail : qualités dont lui-même savait si bien donner l'exemple, et qu'il était bien venu à louer chez son prédécesseur. C'est son propre éloge que nous retrouvons dans les lignes qui suivent :

« Horace aurait-il écrit son *Hoc erat in votis* si sa maison de campagne eût ressemblé à celle que M. Littré possédait au Mesnil? On ne trouve là ni ruisseau d'eau vive, ni bouquet de bois, ni rien de l'aisance qu'Horace avait rêvée. Le plus simple presbytère du plus pauvre des villages peut seul donner une idée de cette maison où tout reflète une vie de solitude, de labeur et de désintéressement. M. Littré avait le culte de l'austérité. Un pieux respect a laissé toute chose à sa place, comme s'il devait revenir d'un moment à l'autre et retrouver, sur son bureau, des livres ouverts, des notes éparses. Voici la petite table où sa femme et sa fille travaillaient auprès de lui, et au-dessus de cette table, apparaît une image du Christ.

« Ce fut dans cette retraite que M. Littré composa la plus grande partie de son *Dictionnaire*. Avec quelle patience et quel courage, pour ainsi dire surhumains, il rassembla les matériaux d'une œuvre que l'on a signalée à juste titre comme un monument national ! »

Et l'orateur achevait ce portrait par un trait qui attirait encore plus sur lui-même l'attention de l'auditoire :

« M. Littré était au Mesnil le médecin consultant de tout le village ; prolongeant ses veilles jusqu'à trois heures du matin, la clarté de sa lampe brillait au loin pendant la nuit comme un fanal qui rassurait les malades. On savait qu'au premier appel, M. Littré quitterait son travail pour aller porter ses soins partout où ils seraient réclamés. »

Pasteur crut devoir rendre à son client le service de le venger du reproche d'impiété qu'on lui avait adressé souvent, et il en prit occasion de proclamer une fois de plus la nécessité de l'idée de Dieu :

« On s'est trompé, dit-il, sur sa quiétude, et l'on s'est payé de fausses apparences en prétendant faire de lui un athée résolu et tranquille. Les croyances religieuses des autres ne lui étaient pas indifférentes. « Je me suis trop rendu compte, « disait-il, des souffrances et des difficultés de la « vie humaine, pour vouloir ôter à qui que ce soit « des convictions qui la soutiennent dans les « diverses épreuves. » Il ne nie pas plus l'existence de Dieu que celle de l'immortalité de l'âme ; il en écarte *à priori* jusqu'à la pensée, parce qu'il proclame l'impossibilité d'en constater scientifiquement l'existence.

« Quant à moi, qui juge que les mots progrès

et invention sont synonymes, je me demande au nom de quelle découverte, philosophique ou scientifique, on peut arracher de l'âme humaine ces hautes préoccupations. Elles me paraissent d'essence éternelle, parce que le mystère qui enveloppe l'univers et dont elles sont une émanation, est lui-même éternel de sa nature.

« On raconte que l'illustre physicien anglais Faraday, dans les leçons qu'il faisait à l'Institution Royale de Londres, ne prononçait jamais le nom de Dieu, quoiqu'il fût profondément religieux. Un jour, par exception, ce nom lui échappa, et tout à coup se manifesta un mouvement d'approbation sympathique. Faraday, s'en apercevant, interrompit sa leçon par ces paroles : « Je viens « de vous surprendre en prononçant ici le nom « de Dieu. Si cela ne m'est pas encore arrivé, « c'est que je suis en ces leçons un représentant « de la science expérimentale. Mais la notion et « le respect de Dieu arrivent à mon esprit par des « voies aussi sûres que celles qui nous conduisent « à des vérités de l'ordre physique. »

Si Pasteur ne ménagea pas l'éloge à la personne du travailleur infatigable que fut son prédécesseur à l'Académie, il n'hésita pas non plus à discuter, ou pour mieux dire, à renverser la doctrine positiviste qui fit l'objet de ses préférences. Les pages qui vont suivre sont une des plus éloquentes réfutations qu'ait eues à subir le matérialisme.

« Le positivisme ne pèche pas seulement par une erreur de méthode. Dans la trame, en apparence très serrée, de ses propres arguments, se révèle une considérable lacune, et je suis surpris que la sagacité de M. Littré ne l'ait pas mise en lumière.

« A maintes reprises, il définit ainsi le positivisme envisagé au point de vue pratique : « Je « nomme positivisme tout ce qui se fait dans la « société pour l'organiser suivant la conception « positive, c'est-à-dire scientifique du monde. »

« Je suis prêt à accepter cette définition, à la condition qu'il en soit fait une application rigoureuse ; mais la grande et visible lacune du système consiste en ce que, dans la conception positive du monde, il ne tient pas compte de la plus importante des notions positives : celle de l'infini.

« Au-delà de cette voûte étoilée, qu'y a-t-il ? De nouveaux cieux étoilés. Soit ! Et au-delà ? Veut-il s'arrêter soit dans le temps, soit dans l'espace ? Comme le point où il s'arrête n'est qu'une grandeur finie, plus grande seulement que toutes celles qui l'ont précédée, à peine commence-t-il à l'envisager que revient l'implacable question, et toujours sans qu'il puisse faire taire le cri de sa curiosité. Il ne sert de rien de répondre : au-delà sont des espaces, des temps ou des grandeurs sans limites. Nul ne comprend ces paroles. Celui qui proclame l'existence de l'infini,

Expériences de la vaccination antirabique sur les cobayes.

et personne ne peut y échapper, accumule, dans
cette affirmation, plus de surnaturel qu'il y en a
dans tous les miracles de toutes les religions;
car la notion de l'infini a ce double caractère de
s'imposer et d'être incompréhensible. Quand
cette notion s'empare de l'entendement, il n'y a
qu'à se prosterner. Encore, à ce moment de poignante angoisse, il faut demander grâce à sa
raison : tous les ressorts de la vie intellectuelle
menacent de se détendre ; on se sent près d'être
saisi par la sublime folie de Pascal. Cette notion
positive et primordiale. le positivisme l'écarte
gratuitement, elle et toutes ses conséquences,
dans la vie des sociétés.

« La notion de l'infini dans le monde, j'en vois
partout l'inévitable expression. Par elle, le surnaturel est au fond de tous les cœurs. L'idée de
Dieu est une forme de l'idée de l'infini. Tant que
le mystère de l'infini pèsera sur la pensée humaine, des temples seront élevés au culte de l'infini,... et, sur la dalle de ces temples, vous verrez
des hommes agenouillés, prosternés, abîmés dans
la pensée de l'infini. La métaphysique ne fait que
traduire au-dedans de nous la notion dominatrice
de l'infini. La conception de l'idéal n'est-elle pas
encore la faculté, reflet de l'infini, qui, en présence de la beauté, nous porte à imaginer une
beauté supérieure? La science et la passion de
comprendre sont-elles autre chose que l'effet de
l'aiguillon du savoir que met en notre âme le mys-

tère de l'Univers? Où sont les vraies sources
de la dignité humaine, de la liberté et de la
démocratie moderne, sinon dans la notion de
l'infini, devant laquelle tous les hommes sont
égaux?

« Il faut un lien spirituel à l'humanité, dit
« M. Littré, faute de quoi il n'y aurait dans la
« société que des familles isolées, des hordes, et
« point de société véritable. » Ce lien spirituel,
qu'il plaçait dans une sorte de religion inférieure
de l'humanité, ne saurait être ailleurs que dans la
notion supérieure de l'infini, parce que ce lien
spirituel doit être associé au mystère du monde.
La religion de l'humanité est une de ces idées
d'une évidence superficielle et suspecte, qui ont
fait dire à un psychologue d'un esprit éminent :
« Il y a longtemps que je pense que celui qui
« n'aurait que des idées claires serait assuré-
« ment un sot. Les notions les plus précieuses,
« ajoute-t-il, que recèle l'intelligence humaine,
« sont tout au fond de la scène et dans un demi-
« jour, et c'est autour de ces idées confuses, dont
« la liaison nous échappe, que tournent les idées
« claires, pour s'étendre et se développer, et
« s'élever. Si nous étions coupés de cette arrière-
« scène, les sciences exactes, elles-mêmes, y per-
« draient cette grandeur qu'elles tirent de leurs
« rapports secrets avec d'autres vérités infinies
« que nous soupçonnons. »

« Les Grecs avaient compris la mystérieuse

puissance de ce dessous des choses. Ce sont eux qui nous ont légué un des plus beaux mots de notre langue, le mot enthousiasme — *en Theos* — un Dieu intérieur.

« La grandeur des actions humaines se mesure à l'inspiration qui les fait naître. Heureux celui qui porte en soi un dieu, un idéal de beauté, et qui lui obéit : idéal de l'art, idéal de la science, idéal de la patrie, idéal des vertus de l'Evangile. Ce sont là les sources des grandes pensées et des grandes actions. Toutes s'éclairent des reflets de l'infini. »

En entendant une parole si élevée et si éloquente, l'auditoire des réceptions académiques, plus habitué encore aux artifices du langage qu'à la noblesse de la pensée, manifesta sans réserve une admiration justement méritée. Il sentait que ce discours était un évènement.

Ce n'était pas un clérical qui venait défendre sa cause, c'était un savant incontesté, qui donnait le dernier mot sur une question qui avait échappé complètement à la sagacité d'un Littré.

On se demandait comment Renan, le sceptique impie, pourrait y répondre. Il s'en tira par un persiflage élégant, essayant d'écarter les questions embarrassantes ; jamais, peut-être, M. Renan n'a mieux montré le vide de son âme, de sa science et de sa critique que dans ce discours qui devait servir de réponse aux arguments serrés de Pasteur.

Il termina en faisant l'éloge du savant, et ses paroles, soulignées par les murmures approbateurs de l'auditoire, révélèrent au nouvel académicien les témoignages d'estime et de sympathie qui venaient à jamais de consacrer son nom et ses travaux.

CHAPITRE IX

L'Institut Pasteur.

Les souscriptions publiques. — L'inauguration. — L'édifice.

I

Le traitement de la terrible maladie de la rage avait réuni autour de Pasteur, une multitude attirée non seulement par l'espoir de la guérison, mais aussi par la curiosité et même la défiance avide de contrôle. C'étaient non seulement les malades qui s'empressaient d'accourir, mais les médecins, désireux de s'initier aux détails de la nouvelle méthode, ou d'en surprendre les défaillances.

Le laboratoire de la rue d'Ulm, qui, jusque-là, avait été le témoin des études et des découvertes du savant, devint bien vite insuffisant pour contenir cette foule envahissante. On établit à la hâte, dans une dépendance située rue Vauquelin, une succursale du laboratoire, mais bientôt elle devint, elle aussi, insuffisante, et présenta toujours les inconvénients d'une installation sommaire.

Il fallait donc songer à un édifice de proportions assez vastes, et aménagé pour satisfaire les exigences du traitement inauguré. Mais qui en ferait les frais?

Pasteur, nous l'avons vu, avait été plus préoccupé jusqu'alors de ses découvertes que de sa fortune personnelle, et les ressources dont il pouvait disposer étaient bien minimes; il se serait certainement adressé avec confiance au gouvernement, qui ne pouvait manquer d'aider puissamment une œuvre philanthropique par excellence. Mais le savant avait conçu une idée plus généreuse, qu'il résolut d'exploiter : c'était d'associer la France entière, et même tout l'univers, à une œuvre dont les bienfaits devaient être universels, et, avec le concours de la presse, il provoqua une souscription publique.

Absorbé par des préoccupations d'un ordre plus élevé, Pasteur seul eût été sans doute impuissant à réaliser cette tâche; mais l'Académie des sciences, comprenant l'importance de cette tentative, se chargea de mettre à exécution l'idée de l'un de ses plus illustres membres et nomma une commission pour en régler les détails.

Le projet de la souscription fut accueilli avec enthousiasme; dès les premiers jours, les grands établissements financiers donnèrent l'élan par des cotisations magnifiques, qui déterminèrent un mouvement général de générosité.

L'étranger rivalisa avec la France, mais il fut

un don particulièrement significatif que nous devons mentionner. On n'a pas oublié que le premier essai de vaccination antirabique fut fait sur le jeune Meister, un enfant de l'Alsace. Le journal de Strasbourg n'eut qu'à rappeler ce fait pour trouver un écho dans tous les foyers alsaciens; tous, jusqu'aux plus humbles, envoyèrent leur obole dans une souscription collective portant ces mots :

« Offrande de l'Alsace-Lorraine à l'Institut Pasteur. »

Paris ne se laissa pas vaincre en générosité; les souscriptions individuelles n'empêchèrent pas d'organiser une fête grandiose dans la salle du Trocadéro, où les premiers artistes de l'Opéra et de la Comédie-Française se disputèrent l'honneur de fournir leur concours. Ce fut un festival sans précédent; on sentait que ce n'était pas seulement cet homme timide et modeste qui en était l'organisateur, mais qu'un souffle noble et généreux avait passé sur ces âmes pour leur apprendre, un instant au moins, ce que c'était que le dévouement.

La poésie célébra la science modeste mais glorieuse, qui, du fond d'un laboratoire, répandait ses bienfaits sur le monde; elle montra Pasteur « acharné sur sa tâche », engageant avec le mal terrible un duel prolongé dont il sortait vainqueur.

Les vers sont d'Eugène Manuel, et furent récités

9

par le célèbre acteur Coquelin; la pièce est de
belle facture et mérite d'être citée en entier :

I

Chère France, les vents du Nord ni les orages
N'ont épargné la terre aux profonds labourages ;
  Nos récents souvenirs sont lourds !
Nous avons bien payé l'espérance trop prompte :
On a saigné tes flancs, on a payé ta honte,
  On a compté tes mauvais jours.

La guerre a décimé tes enfants ; la défaite
A laissé pour longtemps ton âme stupéfaite,
  Et tourné tes regards ailleurs ;
La mort a tour à tour saisi, d'un geste avide,
Comme pour déblayer la scène qui se vide,
  Les plus vaillants et les meilleurs.

Hier encore, la voix du siècle, hélas ! muette,
Faisait un grand silence au tombeau du poète ;
  Ton front semblait découronné ;
Et ceux qui, dans le mal, prophétisent le pire,
Regardant devant eux, étaient tentés de dire,
  Devant ton sol tout moissonné :

« Où donc est sa grandeur ?... Où se fait son histoire ? »
— Elle se fait là-bas, dans ce laboratoire,
  Où l'univers est suspendu ;
Où, grave et simple, un homme, acharné sur sa tâche,
Engage avec nos maux un duel sans relâche,
  Et nous rend tout l'honneur perdu !

Rien ne l'a détaché de l'œuvre commencée :
Et des deux infinis où se perd la pensée,
  Il a choisi, s'y renfermant,
Celui qui, dans l'impur recoin de la cellule,
S'agite en bataillons effrayants, et pullule
  Dans chaque goutte de ferment.

Il est là, tout le jour, depuis trente ans, sans trêve,
L'œil fixé sur l'atome, — et déjà, sur son rêve;
     Fouillant dans nos contagions;
Il voit dans cette nuit, dont il perce les voiles,
Germer les vibrions, comme ailleurs les étoiles,
     En incroyables légions!

Tenace observateur, il vous trouve, il vous somme,
— De la plante à la bête et de la bête à l'homme, —
     De vous trahir, fléaux, poisons;
Comme des fleurs du mal, il soigne vos cultures,
Il lit dans vos levains et dans vos pourritures,
     La loi même des guérisons.

Sans mesurer le temps ni les forces humaines,
Il est là, recueillant, notant les phénomènes,
     Aspirant ces souffles malsains;
Frappé, mais non vaincu; ne demandant à vivre,
Que pour lutter encore et toujours, et poursuivre
     Le dernier de ses grands desseins:

Tandis que, des caveaux cachés sous sa retraite,
A peine s'il entend, d'une oreille distraite,
     Monter d'épouvantables voix,
— Cri rauque, son plaintif, aboiement qui pénètre,
Et dont la note met un frisson dans tout l'être,
     Pour l'avoir perçue une fois!

II

La rage! — Son nom seul est comme une morsure!
Dans le sang et les nerfs, d'une route trop sûre,
     Le virus glisse longuement;
Et tout à coup, séchant la gorge, étreignant l'âme,
Mettant l'angoisse au cœur, où s'allume une flamme,
     Il tue avec un hurlement.

Qui nous dira pourquoi la Nature, — ô mystère! —
Voulant inoculer ce mal qui nous atterre,
     T'a pris surtout, bon chien joyeux,

Compagnon sans pareil, dont les folles caresses
Disent tous les désirs et toutes les tendresses,
     Dont les yeux plongent dans nos yeux ?

Quand tu bondis vers nous et quand tu nous fais fête,
Pourquoi rendre suspect ton pauvre amour de bête
     Et ta vieille fidélité ?
Du logis familier serviteur ordinaire,
Pourquoi, le plus soumis et le plus débonnaire,
     En es-tu le plus redouté ?

Sans qu'il ait dans l'esprit l'effroyable peut-être,
Désormais tu pourras lécher la main du maître,
     Heureux aussi de te choyer ;
Et le petit enfant pourra jouer sans crainte,
Si la dent sur son doigt marque sa rose empreinte,
     Avec l'épagneul du foyer :

Car, dans son officine aux étranges étables,
Dosant dans leurs flacons ces monstres redoutables,
     Il a, — le sublime éleveur, —
Accompli lentement son labeur solitaire,
Fait, du virus mortel, un ferment réfractaire,
     Du mal qui tue, un mal sauveur !

Un jour, on contera que, penché sur la planche,
Lui-même au chien hurleur il prit sa bave blanche,
     Pour y mieux scruter l'affreux mal :
Et l'artiste inspiré, fixant cette conquête,
Peindra le formidable et divin tête à tête
     Du grand homme et de l'animal !

III

Et la France aussitôt a grandi dans le monde,
Tant la victoire était en promesses féconde !
     — Soudain, de partout amenés,
Pareils au pâle essaim des infernales ombres,
On vit se dérouler, en longues files sombres,
     Vers le salut, tous ces damnés !

Ils viennent, les mordus, en troupes effarées,
Du Nord et du Midi, des neigeuses contrées
   Où chiens et loups ont faim l'hiver :
Les steppes nous cachaient d'atroces bucoliques,
Et le croc furieux des bêtes faméliques
   Est resté parfois dans la chair !

Ils viennent, plus nombreux toujours, — spectacle
                       [unique ! —
Ils ont foi. C'est en vain que le doute ironique
   Veut troubler leur farouche espoir.
Et lui, de l'avenir attendant son salaire,
Trop haut pour ressentir l'orgueil ou la colère,
   Suit son chemin, sans s'émouvoir !

IV

Et maintenant, savants, chercheurs, allez ! courage !
Hier, c'était le charbon ; — aujourd'hui, c'est la rage ;
   Demain, qui sait ?... Tout est nouveau !
L'infiniment petit entr'ouvre ses ténèbres ;
La bataille s'annonce, et vos luttes célèbres
   Iront des membres au cerveau.

Aux foyers empestés où l'atome est un monde,
Arrachez leur mystère, et descendez la sonde
   Dans les horreurs de ce fumier !
Si Dieu garde la mort, il reste assez de marge :
De l'enfant au vieillard, la place est encor large !
   Soyez bénis, — toi le premier.

Ah ! comme on comprend bien que ce rêve te tente !
Quel triomphe entrevu dans la chair palpitante !
   Quels rayons dans l'abîme obscur !
De tous ceux qui, prenant corps à corps nos misères,
Ont refusé de croire à des maux nécessaires,
   Nul n'a marché d'un pas plus sûr.

> Pour le long sacrifice ou la courte sonffrance,
> Les cœurs sont toujours prêts dans ce pays de France :
>   Les héros ne se comptent pas !
> Mais, loin du champ de mort que l'honneur glorifie,
> Il est temps d'agrandir enfin le champ de vie :
>   Ce sont là les futurs combats !
>
> Les offrandes du monde à peine y vont suffire,
> Car la science est jeune, et l'infini l'attire ;
>   Le but marqué n'est pas douteux :
> Et dans l'œuvre de Dieu, que l'homme calomnie,
> Ceux-là sont les plus grands, qui font, par leur génie,
>   Reculer la mort devant eux !

Caché dans l'ombre d'une loge, le savant entouré de sa famille ne savait comment accueillir ces éloges flatteurs ; à différentes reprises la salle retentit des plus bruyantes acclamations et Pasteur ému, mal à l'aise dans ce milieu théâtral dont il franchissait l'enceinte presque pour la première fois, prononça quelques paroles où il s'excusa de ne pouvoir louer les artistes autant qu'ils le méritaient, mais où il les remercia avec effusion de servir par leur talent la cause sacrée de l'humanité souffrante.

II

Grâce aux souscriptions abondantes et aux fêtes habilement organisées, moins de deux années suffirent pour rassembler la somme considérable de deux millions six cent mille francs.

Le terrain où devait s'élever l'*Institut Pasteur* fut choisi près du quartier Vaugirard, au n° 25 de la rue Dutot. Les travaux furent commencés dès 1886 et menés avec vigueur par des architectes et des entrepreneurs aussi désintéressés qu'habiles qui refusaient tout honoraire ; et au mois de novembre 1888, l'édifice était prêt à recevoir ses hôtes. Le 14, eut lieu la cérémonie solennelle d'inauguration.

Le Président de la République avait tenu à rehausser la fête de l'éclat de sa présence ; il était là entouré de tous ses ministres, des académiciens en vue, des hommes de sciences et de lettres, des princes de la finance, etc. Entre les fenêtres de la salle se détachaient les bustes des souscripteurs les plus célèbres : le tsar, l'empereur du Brésil, le comte de Laubespin, madame Boucicaut, etc.

La séance s'ouvrit par un discours de M. Bertrand, secrétaire de l'Académie des sciences, qui rappela les souvenirs de jeunesse de son glorieux collègue, et ses premiers efforts avant d'arriver à ces découvertes brillantes qui ont rendu son nom désormais immortel.

Puis M. Granger, le collaborateur du savant dans la vaccination antirabique, exposa sous les yeux de tous les résultats acquis depuis trois ans par la méthode Pasteur. La mortalité avait été si faible qu'en 1886, elle était de 1,34 pour

100 ; en 1887, de 1,12 pour 100 ; et en 1888 de 0,77 pour 100 seulement.

Enfin ce fut le tour du héros de la fête, mais l'émotion qui le gagnait était si forte qu'il dut charger son fils de lire le discours qu'il avait préparé. Pasteur commençait par rendre hommage à la générosité des souscripteurs :

« Pour moi, Messieurs, disait-il, si j'ai eu la joie d'aller, dans quelques-unes de mes recherches, jusqu'à la connaissance de principes que le temps a consacrés et rendus féconds, c'est que rien de ce qui a été nécessaire à mes travaux ne m'a été refusé.

« Le jour où, pressentant l'avenir qui allait s'ouvrir devant la découverte de l'atténuation des virus, je me suis adressé directement à mon pays pour qu'il nous permît, par la force et l'élan d'initiatives privées, d'élever des laboratoires qui non seulement s'appliqueraient à la méthode de prophylaxie de la rage, mais encore à l'étude des maladies virulentes et contagieuses, ce jour-là la France nous a donné à pleines mains.

« Souscriptions collectives, libéralités privées, dons magnifiques dus à des fortunes qui sèment les bienfaits comme le laboureur sème le blé, elle a tout apporté, jusqu'à l'épargne de l'ouvrier sur le salaire de sa rude journée.

« Pendant que se faisait cette œuvre de concentration française, trois souverains nous donnaient un témoignage de sympathie effective. Sa Majesté le Sultan voulait être un de nos souscripteurs ; l'empereur du Brésil, cet empereur homme de science, inscrivait son nom avec la joie d'un confrère, disait-il, et le tsar saluait le retour des Russes que nous avions traités, par un don vraiment impérial.

« Devant les médecins russes qui travailleront dans nos laboratoires et sont déjà présents parmi nous, j'adresse au tsar l'hommage de notre respectueuse gratitude. »

Après avoir rempli ce devoir de reconnaissance, Pasteur émettait des idées plus personnelles qui témoignent de sa modestie :

« Avant la pose de la première pierre, disait-il, le comité de patronage de la souscription a décidé, malgré moi, que cet Institut porterait mon nom. Mes objections persistent contre un titre qui réserve à un homme l'hommage dû à une doctrine. Mais, si je suis troublé par un tel excès d'honneur, ma reconnaissance n'en est que plus vive et plus profonde. Jamais un Français s'adressant à d'autres Français n'aura été plus ému que je ne le suis en ce moment. »

Et l'émotion s'emparait également de l'assistance quand le savant s'écriait :

« La voilà donc bâtie, cette grande maison dont on pourrait dire qu'il n'y a pas une pierre qui ne soit le signe matériel d'une généreuse pensée. Toutes les vertus se sont cotisées pour élever cette demeure du travail.

« Hélas ! j'ai la poignante mélancolie d'y entrer comme un homme « vaincu du temps », qui n'a plus autour de lui aucun de ses maîtres, ni même aucun de ses compagnons de lutte, ni Dumas, ni Bouley, ni Paul Bert, ni Vulpian qui, après avoir été avec vous, mon cher Grancher, le conseiller de la première heure, a été le défenseur le plus convaincu et le plus énergique de la méthode !

« Toutefois si j'ai la douleur de me dire : Ils ne sont plus, après avoir pris vaillamment leur part des discussions que je n'ai jamais provoquées, mais que j'ai dû subir ; s'ils ne peuvent m'entendre proclamer ce que je dois à leurs conseils et à leur appui ; si je me sens aussi triste de leur absence qu'au lendemain de leur mort, j'ai du moins la consolation de penser que tout ce que nous avons défendu ensemble ne périra pas.

« Notre Institut sera à la fois un dispensaire pour le traitement de la rage, un centre de recherches pour les maladies infectieuses et un centre d'enseignement pour les études qui relèvent de la microbie. Née d'hier, mais née tout armée, cette science puise une telle force dans ses victoires récentes qu'elle entraîne tous les esprits.

« Cet enthousiasme que vous avez eu dès

la première heure, gardez-le, mes chers collaborateurs, mais donnez-lui pour compagnon inséparable un sévère contrôle. N'avancez rien qui ne puisse être prouvé d'une façon simple et décisive.

« Ayez le culte de l'esprit critique. Réduit à lui seul, il n'est ni un éveilleur d'idées, ni un stimulant de grandes choses. Sans lui, tout est caduc. Il a toujours le dernier mot. Ce que je vous demande là, et ce que vous demanderez à votre tour aux disciples que vous formerez, est ce qu'il y a de plus difficile à l'inventeur.

« Croire que l'on a trouvé un fait scientifique important, avoir la fièvre de l'annoncer, et se contraindre des journées, des semaines, parfois des années à se combattre soi-même, à s'efforcer de ruiner ses propres expériences, et ne proclamer sa découverte que lorsqu'on a épuisé toutes les hypothèses contraires, oui, c'est une tâche ardue.

« Mais quand, après tant d'efforts, on est enfin arrivé à la certitude, on éprouve une des plus grandes joies que puisse ressentir l'âme humaine, et la pensée que l'on contribuera à l'honneur de son pays rend cette joie plus profonde encore.

« Si la science n'a pas de patrie, l'homme de science doit en avoir une, et c'est à elle qu'il doit reporter l'influence que ses travaux peuvent avoir dans le monde.

« S'il m'était permis, Monsieur le Président, de terminer par une réflexion philosophique provoquée en moi par votre présence dans cette salle de travail, je dirais que deux lois contraires semblent aujourd'hui en lutte : une loi de sang et de mort qui, en imaginant chaque jour de nouveaux moyens de combat, oblige les peuples à être toujours prêts pour le champ de bataille, et une loi de paix, de travail, de salut, qui ne songe qu'à délivrer l'homme des fléaux qui l'assiègent.

« L'une ne cherche que les conquêtes violentes, l'autre que le soulagement de l'humanité ! Celle-ci met une vie humaine au-dessus de toutes les victoires ; celle-là sacrifierait des centaines de mille existences à l'ambition d'un seul.

« La loi dont nous sommes les instruments cherche même à travers le carnage à guérir les maux sanglants de cette loi de guerre. Les pansements inspirés par nos méthodes antiseptiques peuvent préserver des milliers de soldats.

« Laquelle de ces deux lois l'emportera sur l'autre ? Dieu seul le sait. Mais ce que nous pouvons assurer, c'est que la science française se sera efforcée, en obéissant à cette loi d'humanité, de reculer les frontières de la vie. »

En entendant cette parole d'une expression si noble et si généreuse, les auditeurs admiraient cet homme simple et modeste et les grandes choses qu'il avait accomplies dans le silence du labora-

1. L'Ecole normale. — 2. Institut Pasteur rue Dutot.

toire, pendant que tant d'autres n'étaient préoccupés que des ambitions de la politique et des mesquineries de la vanité.

III

C'était bien le jour du triomphe pour le savant dont le regard embrassait avec complaisance l'édifice qui allait l'abriter avec ses collaborateurs et ses malades.

Il est beau et digne du maître, ce monument sévère avec sa façade Louis XIII et son large perron auquel donnent accès dix belles marches arrondies. Sur deux cartouches placés à la hauteur de l'étage, on lit ces mots :

Souscription publique 1888

et au-dessous :

Institut Pasteur.

L'édifice se compose de deux grands corps de bâtiments parallèles, reliés l'un à l'autre par une large galerie ; l'un a sa façade sur la rue Dutot et l'autre a la sienne tournée vers la rue des Fourneaux.

Dans la façade principale, à droite, au premier, sont les appartements particuliers qu'occupe Pasteur : la salle à manger, ornée d'une cheminée

en bois sculpté, le salon et deux cabinets de travail. A gauche la bibliothèque, belle salle carrée
éclairée par neuf grandes fenêtres qui déversent
la lumière sur des tables chargées de journaux
scientifiques et des vitrines garnies de livres et de
collections.

Au dessous du rez-de-chaussée, sont les laboratoires, celui de Pasteur, celui de son préparateur
et les appartements de l'économe de l'Institut. Le
deuxième étage est occupé par le logement des
préparateurs.

Par suite d'une différence de niveau de huit
mètres entre la rue Dutot et la rue des Fourneaux,
le soubassement du premier bâtiment se trouve
à la hauteur du rez-de-chaussée du second.

Ce dernier renferme les salles destinées au
public, ainsi que les laboratoires d'enseignement
et de recherches. A droite, au rez-de-chaussée,
sont les salles dites « de la rage » ; elles comprennent les salles d'attente du public, les salles
d'inoculation et de syncopes, où les personnes
évanouies reçoivent des soins immédiats, les
archives, la salle réservée à la préparation des
vaccins et celle destinée à la conservation des
moelles des animaux. Cette dernière chauffée à
une température constante est à doubles portes et
à doubles fenêtres.

A gauche sont les services spéciaux des laboratoires, un amphithéâtre pour les cours faits aux
élèves, une salle de dissection, une salle de

zoologie, un aquarium et un atelier de photographie.

Le premier étage de ce second bâtiment est réservé aux laboratoires d'enseignement dépendant du service de microbie générale et du service de chimie biologique. Ces laboratoires sont pourvus de vitrines destinées aux collections, de salles d'étuves, de laveries, et aussi d'une salle spéciale où les préparateurs et les élèves pourront travailler ensemble.

Au deuxième étage sont les laboratoires des recherches divisés comme au premier.

Dans l'espace resté vide, entre le second corps de bâtiment et la rue des Fourneaux, existe un certain nombre de maisonnettes d'un aspect vraiment pittoresque qui dépendent de l'Institut Pasteur. Là c'est une bergerie, là un chenil, plus loin une volière; des clapiers pour les lapins, les cobayes, des poulaillers, etc... Il y a même une maisonnette à deux étages surmontée d'un clocheton où des animaux sont soumis à l'action du virus. Des massifs d'arbustes entourent toutes ces constructions que domine une cheminée de trente-trois mètres de hauteur, desservant les foyers d'un générateur de vapeur placé dans le sous-sol du second corps de bâtiment et qui doit servir au chauffage de tous les services.

Tel est cet Institut que la générosité publique a offert à Pasteur pour permettre au savant de con-

tinuer ses études et donner accès facile et immé-
diat à tous les malades qui ont besoin de son
traitement. Depuis, des établissements semblables
ont été créés aux quatre coins du globe. A elle
seule, la Russie en compte 7, l'Italie 4, les Etats-
Unis 4; on en trouve à Constantinople et jusqu'en Australie. Ce résultat proclame mieux que
tout le reste l'immensité et l'universalité du bienfait dont Pasteur a doté le monde.

CHAPITRE X

Le Jubilé de 1892.

Les discours. — La médaille. — Les délégations.

I

Nous avons vu les doctrines pastoriennes rencontrer à leurs débuts des objections de la part des savants et des médecins d'écoles différentes; au sein même de l'Institut, quelques collègues du maître — on s'en souvient — avaient essayé d'infirmer les résultats de la méthode nouvelle; mais depuis la fondation de l'Institut Pasteur et d'établissements similaires répandus dans le monde entier, la discussion n'était plus possible, il fallait se rendre à l'évidence. De toutes les extrémités de l'univers s'élevait un concert unanime d'éloges, célébrant les bienfaits du traitement prophylaxique de la rage et la gloire de son inventeur.

En 1892, ces hommages redoublèrent et, sans entente préalable, on vit le Danemark, la Suède, la Norvège et la France, prendre la résolution de

fêter le soixante-dixième anniversaire de la naissance du grand savant.

A la séance du 7 novembre, un ami de Pasteur
se chargeait de le retenir en dehors de l'Académie,
pendant que celle-ci décidait de lancer une souscription pour offrir un souvenir au plus illustre de
ses membres.

Un comité s'organisa à l'appel duquel tout le
monde savant s'empressa de répondre. Le 27 décembre, une foule d'élite se pressait dans le grand
amphithéâtre de la nouvelle Sorbonne.

Le chef de l'Etat, M. Carnot, tous les ministres,
tous les ambassadeurs, les membres de l'Institut,
en grand nombre, les délégations des Universités
et des Sociétés savantes françaises et étrangères
étaient venus de toutes parts à cette inoubliable
cérémonie.

Quand Pasteur arriva, marchant péniblement,
M. Carnot alla à sa rencontre, lui offrit le bras et
le conduisit à la place qui lui était réservée devant
une vaste table couverte d'adresses en toutes les
langues et chargée de présents divers.

L'enthousiasme de l'assistance se traduisit par
des applaudissements chaleureux que vinrent provoquer encore les plus éloquents discours.

Ce fut le ministre de l'instruction publique qui
prit le premier la parole et félicita Pasteur au nom
du gouvernement et de la patrie :

« Cher et illustre maître, disait-il, il ne m'appar-
tient pas d'entrer dans le détail de vos travaux.

D'autres sauront dire, avec l'autorité de la science
même, ce que vous avez fait ; ils nous exposeront
vos principes, vos expériences, vos méthodes. Ce
que nous sentons tous, ignorants et savants, c'est
que vous avez fait quelque chose de grand. Tout
profane que l'on soit, on ne peut rester insensible
à votre œuvre.

« Elle est si grande qu'elle s'impose à l'attention
de tous, si simple qu'un homme cultivé en peut
suivre le développement, si efficace et si humaine
que les ignorants eux-mêmes, éclairés et con-
vaincus par le secours qu'elle leur apporte, la
proclament et la vénèrent. Lorsqu'on l'embrasse
dans son ensemble, on est tout d'abord frappé des
qualités de travail, de patience, de ténacité qu'elle
atteste.

« Cette faculté fut la vôtre de pouvoir con-
centrer votre pensée sur un sujet et de l'y tenir
obstinément fixée pendant des journées, des
mois, des années, faculté souveraine que votre
visage réflète : puissance créatrice dont la postérité lira l'expression sur cette médaille où
l'artiste a fixé avec vos traits, quelque chose de
votre âme.

« Nous y lisons, avec la même clarté, cette foi
profonde en la science, cette foi d'apôtre qui vous
a soutenu au cours de votre carrière, contre les
angoisses du doute et les défaillances du découra-
gement. Il faut le dire très haut, en ce jour, si
vous êtes armé du sens critique, indispensable à

un savant, vous n'avez rien d'un sceptique ; vous eûtes toujours la conviction, je dis plus, la foi, mère des hautes pensées et des œuvres immortelles....

« La science pure vous promettait les plus beaux succès ; mais, heureusement pour vous, heureusement pour l'humanité, les circonstances vous ont engagé dans une voie où toute découverte théorique devait aboutir à une satisfaction de nos besoins, à un soulagement de nos misères. On a peine aujourd'hui à se représenter vos efforts et vos luttes perdues dans le rayonnement de la victoire finale, on peut difficilement se figurer la vivacité de ces batailles à la suite desquelles, vaincue par la force de l'évidence, accablée sous le poids de la preuve expérimentale, l'antique hypothèse, la chimérique illusion de la génération spontanée a battu en retraite devant la triomphante doctrine des germes, qui a renouvelé la science et qui est entrée en possession incontestée de l'avenir...

« Désormais la formule est pleine et définitive ; vos disciples la donnent en deux mots : « Ferments et virus sont des êtres vivants ; le vaccin est un virus atténué ; la médecine a pour base l'atténuation artificielle des virus. » Ainsi, faisant sortir le remède du mal lui-même, la médecine microbienne est fondée !

« Merveille de la science, miracle du génie, soyez glorifiés au nom de la patrie et de l'huma-

nité ! Vous avez justifié les audacieuses espérances
que la religion du progrès avait misés au cœur de
nos pères ; vous avez traduit en réalités incontes-
tables les imaginations de Descartes et les rêves de
Condorcet. Qui pourait dire à cette heure ce que la
vie humaine vous doit, ce qu'elle vous devra dans
la suite des temps ? Un jour viendra où quelque
nouveau Lucrèce chantera dans un nouveau
poème *De la Nature* le maître immortel dont le
génie a enfanté de pareils bienfaits.

« Il ne le peindra pas solitaire et insensible
comme le poète latin a fait son héros. Il le mon-
trera mêlé à la vie de son temps, aux tristesses et
aux joies de son pays, partageant son existence
entre les sévères jouissances de la recherche
scientifique et les douces effusions de la famille,
passant de son laboratoire à son foyer, trouvant auprès d'êtres affectionnés, auprès d'une
compagne qui a su le comprendre et d'autant
plus l'aimer, cet encouragement de toutes les
heures, ce réconfort de tous les instants sans lesquels tant de batailles eussent peut-être lassé
son ardeur, entamé sa persévérance et énervé
son âme.

« Cher et illustre maître, vous disiez un jour,
dans une fête que vous présidiez en Auvergne,
que vous aviez comme le sentiment de la gloire à
vous entendre louer par des voix amies. Aujour-
d'hui, ce sentiment doit être entier en vous, car
ce n'est pas seulement un département, une région

qui s'incline, c'est la France entière qui vous glorifie, c'est l'humanité qui vous bénit. De

Médaille offerte à M. Pasteur par l'Académie des sciences, le jour de ses 70 ans — 27 Décembre 1892.

tous les points du globe vous viennent en foule les hommages. Voyez autour de vous cette

affluence de savants et de grands personnages
qui vous apportent les vœux et les espérances de

Revers de la Médaille ci-contre.

leurs compatriotes. Je salue, au nom de la République, ces messagers de science et de paix.

J'adresse à leurs patries le salut cordial de la France. »

Ces accents éloquents furent accueillis par les mouvements sympathiques de l'auditoire aux sentiments duquel ils répondaient si bien.

II

Alors se leva le Président de l'Académie des sciences, M. d'Abbadie, qui adressa à Pasteur les félicitations de l'Institut et offrit à son illustre collègue la médaille frappée en son honneur.

Cette œuvre admirable de M. Roty représente le savant de profil, coiffé de la petite calotte qu'il portait dans son laboratoire. Une pèlerine est jetée sur ses épaules ; le visage exprime une puissante énergie. Au bas on lit ces mots :

Pour la Science. — La Patrie. — L'Humanité.

Le revers porte une branche de fleurs où se mêlent les lauriers et les roses, avec cette inscription :

A PASTEUR
LE JOUR DE SES SOIXANTE-DIX ANS
LA SCIENCE ET L'HUMANITÉ RECONNAISSANTES.

27 *décembre 1892.*

Pendant que M. d'Abbadie embrassait cordialement Pasteur, le public tout entier, debout, acclamait le héros de cette belle journée et le plus cher ami du savant en même temps que son plus digne collègue, M. Joseph Bertrand, prononçait les paroles suivantes :

« Je veux, comme le personnage de la tragédie antique, dire quel est ici mon rôle. Si le titre d'admirateur et d'ami autorisait à prendre la parole, tous pourraient la réclamer à la fois, et une bruyante clameur ébranlerait la salle. Ce cri du cœur vaudrait mieux sans doute que mon discours, mais ce n'est pas l'usage. Je vous apporte, en même temps que ma vieille et sincère amitié, les hommages de l'Académie des sciences et ceux du conseil d'administration de l'Institut Pasteur... »

Puis M. Daubrée, au nom de la section de minéralogie, venait rappeler que c'était dans la cristallographie que Pasteur avait fait ses débuts scientifiques. Il céda la place au grand chirurgien anglais, sir Joseph Lister, l'inventeur des pansements antiseptiques, qui, d'une voix émue, exprima l'admiration de l'Angleterre pour le savant français :

« Vraiment, dit-il, il n'existe dans le monde entier aucun individu auquel doivent plus qu'à vous les sciences médicales.

« Grâce à vous, la chirurgie a subi une révolution complète qui l'a dépouillée de ses terreurs

et a élargi presque sans limite son pouvoir efficace.

« La médecine ne doit pas moins que la
chirurgie à vos études profondes et philoso-
phiques.

« Vous avez levé le voile qui avait couvert
pendant des siècles les maladies infectieuses.
Vous avez découvert et démontré leur nature
microbienne ; grâce à votre initiative et, dans
beaucoup de cas, à vos propres travaux spéciaux,
il y a déjà une foule de ces désordres perni-
cieux dont nous connaissons complètement les
causes... »

Vint ensuite M. Bergeron, secrétaire perpétuel
de l'Académie de médecine, qui apportait le tribut
d'hommage de la science qui a le plus bénéficié
des travaux de Pasteur.

Le président du Conseil municipal de Paris,
M. Sauton, remit ensuite au savant, au nom de
tous ses collègues, une adresse qui contenait le
passage suivant :

« Notre ville ne fait pas attendre leurs lettres
de naturalisation aux Français qui lui apportent
la puissance de leur travail, la force et l'éclat de
leur génie.

« Mais vous, Monsieur, Paris ne vous a pas
seulement adopté. Vous êtes devenu pour les
Parisiens de toutes les classes un savant populaire... »

Après Paris, ce fut Dôle, la ville natale de Pasteur qui, envoyait ses représentants. Le maire, M. Ruffier, portait un album reproduisant le fac-similé de l'acte de naissance du savant et la photographie de la maison où il était né; en remettant ce précieux souvenir, il lut l'adresse suivante :

« ... Nos humbles voix ne sauraient rien ajouter à ces éclatantes manifestations qui retentiront longtemps encore dans ce sanctuaire de la science et vous feront cortège jusque dans la postérité la plus éloignée. Cependant nous devons à votre gloire, quoiqu'elle soit aujourd'hui sans limite, de proclamer combien, malgré la recherche passionnée et exclusive de la vérité qui, chaque jour, à toute heure, dominait votre pensée, vous avez su conserver, comme un dépôt sacré, le culte du foyer paternel.

« Nous en avons été les témoins émus dans cette grande journée du 14 juillet 1883, où notre vieille cité dôloise, toujours jalouse de la gloire de ses enfants, inaugurait cette modeste plaque commémorative de votre naissance sur l'humble maison où vos parents avaient vécu. Nous avons entendu avec quelles touchantes paroles vous célébriez leurs rudes labeurs, leur inaltérable dévouement, leurs qualités persévérantes qui font les vies utiles; leurs enthousiasmes qui vous ont appris à confondre dans un même amour la grandeur de la science et la grandeur de la patrie.

« C'était à eux que la piété filiale reportait tous les hommages rendus à votre talent. Nous avons vu votre profonde émotion, vos pleurs et vos sanglots entrecoupant votre voix au souvenir de vos chers disparus ! et cette religion de la famille, encore si vivace et si entière après tant d'années parcourues, nous a touchés jusqu'au fond de l'âme et nous a laissé d'inoubliables impressions.

« C'est sous l'inspiration de ces sentiments si profondément humains que nous vous apportons, à l'occasion de votre soixante-dixième anniversaire, une reproduction photographique de votre acte de naissance, où vous trouverez la signature de votre honorable père, et aussi l'image de cette petite maison, comme vous vous plaisiez à l'appeler, berceau de votre enfance, où vous avez vécu vos premiers ans... »

En écoutant ce langage touchant, Pasteur s'était voilé le visage de ses mains, pour mieux dissimuler les larmes qui coulaient abondantes de ses yeux émus. L'émotion gagna la salle entière et des cris de : « Vive M. Pasteur ! » éclatèrent de toutes parts.

III

Les discours terminés, commença le défilé des soixante corporations, académies ou sociétés savantes qui s'étaient fait inscrire pour présenter des adresses ou des souvenirs à Pasteur.

Le grand savant, qui avait peine à contenir son émotion, reçut tous ces délégués, donnant une poignée de main aux uns, embrassant les autres. Le défilé eut lieu dans l'ordre suivant :

Athènes, Berne, Berlin, les hôpitaux de Bruxelles, Bukarest, Cologne, Copenhague, Dublin, Gand, Genève, l'université de Gênes, dont le représentant adressa quelques paroles à Pasteur; Lausanne, Liège, Londres, Posen, Saint-Pétersbourg, Turin, Utrecht, Varsovie, Stockholm, Arbois, Dôle, les principales villes de France, et enfin l'association des étudiants de Paris, qui lut une adresse et offrit au savant un superbe bouquet de fleurs.

Pasteur disparaissait derrière un amas d'adresses présentées sous les formes les plus variées : dans des étuis richement reliés, dans des boîtes ou sous enveloppes.

Quand le défilé fut terminé, il se leva et essaya de redire toute sa joie et ses remerciements, mais sa voix, paralysée par l'émotion, se perdait sous les voûtes immenses de la salle et il dut charger son fils de lire son discours :

« MONSIEUR LE PRÉSIDENT DE LA RÉPUBLIQUE,

« Votre présence transforme tout : une fête intime devient une grande fête et le simple anniversaire de la naissance d'un savant restera, grâce à vous, une date pour la science française.

« MONSIEUR LE MINISTRE,
« MESSIEURS,

« A travers cet éclat, ma première pensée se reporte avec mélancolie vers le souvenir de tant d'hommes de science qui n'ont connu que des épreuves. Dans le passé, ils eurent à lutter contre les préjugés qui étouffaient leurs idées. Ces préjugés vaincus, ils se heurtèrent à des obstacles et à des difficultés de toutes sortes.

« Il y a peu d'années encore, avant que les pouvoirs publics et le Conseil municipal eussent donné à la science de magnifiques demeures, un homme que j'ai tant aimé et admiré, Claude Bernard, n'avait pour laboratoire, à quelques pas d'ici, qu'une cave humide et basse. Peut-être est-ce là qu'il fut atteint de la maladie qui l'emporta ? En apprenant ce que vous me réserviez ici, son souvenir s'est levé tout d'abord devant mon esprit : je salue cette grande mémoire.

« Messieurs, par une pensée ingénieuse et délicate, il semble que vous ayez voulu faire passer sous mes yeux ma vie tout entière. Un de mes compatriotes du Jura, le maire de la ville de Dôle, m'a apporté la photogiaphie de la maison très humble où ont vécu si difficilement mon père et ma mère.

« La présence de tous les élèves de l'Ecole normale me rappelle l'éblouissement de mes premiers enthousiasmes scientifiques.

« Les représentants de la Faculté de Lille évoquent pour moi mes premières études sur la cristallographie et les fermentations qui m'ont ouvert tout un monde nouveau. De quelles espérances je fus saisi quand je pressentis qu'il y avait des lois derrière tant de phénomènes obscurs !

« Par quelle série de déductions il m'a été permis, en disciple de la méthode expérimentale, d'arriver aux études physiologiques, vous en avez été témoins, mes chers confrères. Si parfois j'ai troublé le calme de nos académies par des discussions un peu vives, c'est que je défendais passionnément la vérité.

« Vous enfin, délégués des nations étrangères, qui êtes venus de si loin donner une preuve de sympathie à la France, vous m'apportez la joie la plus profonde que puisse éprouver un homme qui croit invinciblement que la science et la paix triompheront de l'ignorance et de la guerre, que les peuples s'entendront, non pour détruire, mais pour édifier, et que l'avenir appartiendra à ceux qui auront le plus fait pour l'humanité souffrante. J'en appelle à vous, mon cher Lister, et à vous tous, illustres représentants de la science, de la médecine et de la chirurgie.

« Jeunes gens, jeunes gens, confiez-vous à ces méthodes sûres, puissantes, dont nous ne connaissons encore que les premiers secrets. Et tous, quelle que soit votre carrière, ne vous laissez pas atteindre par le scepticisme dénigrant et stérile, ne vous laissez pas décourager par les tristesses de certaines heures qui passent sur une nation. Vivez dans la paix sereine des laboratoires et des bibliothèques. Dites-vous d'abord : Qu'ai-je fait pour mon instruction ? Puis à mesure que vous avancerez : Qu'ai-je fait pour mon pays ? Jusqu'au moment où vous aurez peut-être cet immense bonheur de penser que vous avez contribué en quelque sorte au progrès et au bien de l'humanité. Mais que les efforts soient plus ou moins favorisés par la vie, il faut, quand on approche du grand but, être en droit de se dire : J'ai fait ce que j'ai pu.

« Messieurs, je vous exprime ma profonde émotion et ma vive reconnaissance. De même que sur le revers de cette médaille, Roty, le grand artiste, a caché sous des roses la date si lourde qui pèse sur ma vie, de même vous avez voulu, mes chers confrères. donner à ma vieillesse le spectacle qui pouvait la réjouir davantage, celui de cette jeunesse si vivante et si aimante. »

Telles furent les paroles qui terminèrent cette matinée du 27 décembre 1892, inoubliable pour la science et pour la gloire de celui que nous célébrons. Elles s'honorent, les nations qui environnent leurs grands hommes de ces respectueux hommages !...

CHAPITRE XI

Les derniers Moments.

Mort chrétienne. — Hommage universel.

I

Les hommages qui s'accumulaient autour de Pasteur, les couronnes qui s'entassaient sur sa tête, pouvaient adoucir pour lui les amertumes de l'existence, ils étaient impuissants à en prolonger la durée. L'heure approchait où la mort allait achever son œuvre sur ce cerveau qu'elle avait essayé une première fois de frapper.

La nature avait doué Pasteur d'une constitution robuste ; des mœurs pures, des habitudes de vie réglée l'avaient rendu capable de fournir un travail impossible à la masse commune. Il abusa de ses forces, et, en 1868, une crise légère d'hémorragie cérébrale fit redouter un moment une atteinte de paralysie.

Sa santé se refit, et ce ne fut qu'en 1886 qu'elle sembla chanceler ; c'était l'époque des violentes attaques dont il fut l'objet lors de ses premières découvertes sur la rage. Le chagrin, ce mal amer qui vient à bout des plus solides organisations, le chagrin amena des insomnies, des palpitations cardiaques et des défaillances du cœur, qui l'obligèrent à s'éloigner de son laboratoire pour aller chercher le calme et le repos dans le Midi.

La douceur du soleil, les parfums des jardins plantés de roses et de palmiers, l'éclat des beaux jours, lui rendirent une partie de ses forces, et il reprit sa vie de travail jusqu'en 1892, où il eut à subir des crises d'urémie. Il fallut les soins que lui prodiguèrent sa famille et ses élèves pour lui donner l'énergie nécessaire au moment des fêtes du jubilé.

L'intelligence cependant demeurait lucide et voulait se tenir au courant des moindres évènements scientifiques, mais les forces défaillaient ; à la fin de 1894 l'usage de la parole devint presque impossible.

Le savant quitta alors Paris, et alla s'établir à Villeneuve-l'Etang, près Garches, à l'extrémité du parc de Saint-Cloud, dans une ferme dépendant de l'Institut Pasteur, où sont installés les chevaux du docteur Roux pour la préparation du sérum antidiphtérique. Pasteur avait une prédilection pour cette ferme ensoleillée et bruissante ; il y passait tous les étés dans une intimité familiale, avec ses collaborateurs.

Appuyé au bras d'un parent ou d'un ami, il faisait de courtes excursions dans le parc et restait assis de longues heures sur la pelouse. Ainsi se passèrent le printemps et l'été de 1895. L'air de la campagne, la paix, le silence, la vie admirablement réglée, la joie d'être au milieu de ceux qu'il aimait, faisaient espérer un rétablissement complet, quand arriva, vers la fin d'août et dans la première quinzaine de septembre, une période de grandes chaleurs qui lui causèrent une fatigue extrême.

De nouveau, le cœur devint défaillant, les accidents d'urémie réapparurent, et le mercredi 18 septembre, se déclara une crise très violente. Le 22, le mal empirait, et les symptômes de mort prochaine apparaissaient.

Ce furent les élèves de l'Institut Pasteur qui se chargèrent de veiller le malade et de lui prodiguer les derniers soins. Dans la matinée du jeudi 26, les accidents devinrent si alarmants, que tout espoir fut perdu et on s'empressa d'avertir les amis les plus intimes.

Un télégramme fut envoyé à Madrid, à M. J.-B. Pasteur; celui-ci partit de suite, mais hélas! il devait arriver trop tard...

Le vieillard ne se faisait aucune illusion sur les conséquences de la maladie qui le terrassait; mais il s'appliquait à garder secrètes ses appréhensions, afin de ne pas affliger les siens.

« Quelques jours auparavant, raconte un de ses biographes, il était seul avec ses petits-enfants, la fille et le fils de Madame Vallery-Radot. Il les fit approcher l'un et l'autre de son fauteuil, les prit dans ses bras et les embrassa longuement. De grosses larmes s'échappèrent malgré lui de ses yeux et tombèrent sur les mains d'un des deux enfants, le petit garçon, qui demanda au « bon papa » pourquoi il pleurait :

« — C'est, répondit Pasteur en étouffant un sanglot, c'est que, mes enfants, je vais vous quitter (1) ! »

En effet, le 27 septembre, le docteur Chantemesse et le docteur Gilles constatèrent la cessation complète des fonctions du rein, et l'empoisonnement graduel de l'être tout entier se produisit sans qu'il fût possible d'apporter le moindre remède.

Dans la soirée, M. le curé de Garches administra le sacrement de l'Extrême-Onction, et le malade essaya de remuer les mains dans un geste de prière, montrant par là qu'il s'unissait aux rites de la cérémonie. Quelques heures après, arriva le R. P. Boulanger, confesseur du savant ; il le reconnut très bien et répondit à ses interrogations très nettement.

Le lendemain fut la journée de la suprême

______

(1) E'LLICK.

PASTEUR ET SES PETITS-ENFANTS.
« Mes Enfants, je vais vous quitter! »

agonie. Le moribond souffrait beaucoup, la sueur inondait son visage, la respiration était devenue haletante, le pouls irrégulier, et des frissons convulsifs secouaient tous les membres.

Autour du lit de douleur, se tenaient : le docteur Roux, M. Chantemesse, M. Metchnikoff et plusieurs préparateurs de l'Institut. A genoux, priaient devant le mourant Madame Pasteur, Monsieur et Madame Vallery-Radot, leurs deux enfants, Camille et Louis... Le regard du moribond se portait constamment de sa femme à sa fille, à son gendre et à ses petits-enfants.

Quelques heures avant la mort, Madame Pasteur mit dans les mains du mourant un petit crucifix qu'on le vit élever plusieurs fois en face de son visage, porter à ses lèvres, et embrasser avec respect.

Vers cinq heures du soir, le calme se fit soudain sur le visage du malade, les yeux se fermèrent naturellement... Pasteur n'était plus.

Deux heures plus tard, arrivait, après avoir franchi les Pyrénées en toute hâte, M. J.-B. Pasteur... il était trop tard. Il avait perdu son père, et la France et la science, le plus illustre de leurs enfants...

11

La nouvelle de cette mort retentit douloureusement non seulement dans toute la France, mais encore dans le monde entier. Toute la presse célébra dignement le savant qui venait d'achever une existence si bien remplie.

Le Président de la République Française, le roi des Belges, le roi de Danemark, les gouvernements russes et anglais, les savants en renom dans l'univers, envoyèrent les témoignages de condoléances les plus émues à la femme et aux enfants du défunt.

« La mort de M. Pasteur, disait M. Hanotaux, ministre des affaires étrangères, est un malheur irréparable pour le pays. A l'étranger, tous les amis de la science et de l'humanité se considèrent comme atteints... »

Dans une réunion tenue au Collège royal des vétérinaires à Londres, le professeur Penbenthy s'exprimait ainsi, en sa langue imagée : « Une ombre épaisse s'est étendue sur le monde civilisé. Le firmament de la science a perdu son astre le plus brillant. La mort de M. Pasteur a appauvri l'univers. »

Le célèbre docteur Koch, de Berlin, envoyait le télégramme suivant :

« Profondément ému par la perte univer-
sellement sentie que l'Institut Pasteur vient de
faire dans la personne de son génial fondateur,
l'Institut berlinois des maladies infectieuses
envoie sa participation intime à la douleur
générale. »

L'Italie écrivait à son tour : « L'Institut antirabique Pasteur à Bologne s'associe au deuil
universel dans la perte de l'homme qui était
l'honneur de la science et le bienfaiteur de
l'humanité. »

Puis c'était Madrid, Moscou, Buenos-Ayres,
Montevideo, Nijni-Novgorod, Saint-Pétersbourg,
Cracovie, Prague, Bruxelles ; des noms célèbres,
le duc d'Aumale, le prince Napoléon, l'archevêque de Lyon, M. Poincarré, M. Charles Dupuy,
la comtesse d'Eu, la princesse Mathilde, la
duchesse d'Uzès, Paul Déroulède, M. Mézières,
les présidents du Conseil général de la Seine et
du Conseil municipal de Paris, etc...

Deux armateurs de Nantes qui avaient donné
à l'un de leurs navires le nom du maître, écri-
vaient à Madame Pasteur :

« Les armateurs de *Louis Pasteur* vous
envoient, Madame, leurs sentiments de profonde
tristesse en songeant que la mort a ravi à
l'humanité votre illustre mari, avant même que
soit lancé le navire qui va porter son nom. Ils
conserveront comme une relique, la lettre d'une
si touchante simplicité qu'il y a si peu de temps

encore ce génie immortel a daigné leur adresser. »

Puis venaient enfin les étudiants catholiques de Paris : « Madame, disaient-ils, les membres du Cercle catholique des étudiants de Paris tiennent à vous exprimer la part qu'ils prennent à votre deuil. Etudiants français, ils déplorent la perte de l'illustre savant qui a su porter si haut, en servant la cause de l'humanité, le renom de la science française. Etudiants catholiques, ils se rappellent les luttes victorieusement soutenues par M. Pasteur contre le matérialisme et le scepticisme des adversaires de leurs croyances.

« Aux sentiments de leurs condoléances, ils vous promettent d'ajouter, Madame, le concours de leurs prières, afin que Dieu vous donne la force et le courage qui vous sont nécessaires. »

Ce dernier hommage fut un de ceux qui touchèrent plus directement le cœur de la veuve de l'homme illustre. Cette femme admirable et chrétienne n'avait pas quitté un seul instant le chevet du malade.

Pendant tout le cours de la maladie, elle avait fait preuve d'une énergie supérieure à son sexe ; ce n'est qu'après avoir ramené les bras du défunt sur sa poitrine et croisé ses mains déjà glacées, qu'elle avait permis aux larmes de jaillir abondantes de ses yeux, et aux sanglots de soulager sa poitrine oppressée.

Alors seulement elle comprit toute l'étendue

de la perte qu'elle venait de faire, et elle remercia
le ciel de lui avoir donné ce mari aussi illustre
et aussi bon, dont elle avait été la compagne
dévouée, l'amie fidèle, et aussi la collaboratrice
intelligente aux heures de recherches et de travail.

Le gouvernement français vint lui offrir les
honneurs du Panthéon pour la dépouille de
son illustre époux, en proposant de lui faire des
funérailles nationales.

La veuve, fidèle à la gloire du défunt, ne se
crut pas le droit de refuser les obsèques nationales, mais la femme chrétienne s'empressa de
décliner les honneurs du Panthéon.

Ce temple païen avec ses promiscuités com-
promettantes semblait mal fait pour donner le
dernier asile au corps de celui qui, sa vie durant,
avait affiché les convictions les plus solides et
était mort dans les sentiments de la foi la plus
vive, fortifié par les secours d'une religion qu'il
avait toujours pratiquée.

CHAPITRE XII

Les Funérailles.

Le défilé. — La cérémonie de Notre-Dame. — L'éloge funèbre.

I

La France se devait à elle-même et devait à Pasteur des funérailles grandioses ; elle ne manqua pas à sa tâche.

Deux jours après la mort, le corps fut amené à la rue Dutot, à Paris ; on ouvrit le cercueil et devant la figure découverte du défunt, le grand public fut admis à défiler.

Devant cette dépouille glorieuse, on vit passer non seulement les parents du maître, ses disciples préférés, ses collaborateurs de tous les jours dans l'établissement qui porte son nom, mais le peuple même de Paris. « Des milliers et des milliers de petites gens défilèrent devant la dépouille de Pasteur, recueillis, silencieux, pleins de ce respect que la mort inspire toujours à Paris, et aussi de cette gratitude qu'éprouvent si naturellement un père, une mère, pour l'homme dont les découvertes — ils le savent tous — ont sauvé la vie de leur enfant mordu par un chien enragé ou atteint du croup. Combien était touchant le spectacle de ce long et muet hommage, prélude de la pompe glorieuse et parlante qui allait se dérouler dans les rues de Paris. »

Sur les coussins placés devant le catafalque étaient disposées les nombreuses décorations du défunt :

Grand-croix de la Légion d'honneur, grand-croix de Sainte-Anne de Russie (en diamants, remise à M. Pasteur par le grand-duc Wladimir au nom de l'Empereur), grand-croix de Danemark, grand-croix du Sauveur de Grèce, grand-croix de la Rose du Brésil, grand-croix de Saint-Sawa de Serbie, grand-croix du Medjidjé, grand-croix du Micham, grand-croix de l'Etoile polaire de Suède, grand-croix de l'ordre de Léopold, grand-croix d'Isabelle-la-Catholique, grand-croix des Saints-Maurice-et-Lazare, grand-croix d'Orange-Nassau, grand-croix de Saint-Jacques de Portugal et des décorations d'officier et de chevalier en nombre incalculable, Pasteur ayant reçu des décorations de presque tous les pays du monde...

Le samedi, 5 octobre, était le jour choisi pour les funérailles. A dix heures, le clergé de la paroisse Saint-Lambert vint faire la levée du corps, et au son de la marche funèbre de Chopin, le cortège s'ébranla.

Précédé, d'un peloton de gardiens de la paix et d'un demi-escadron de cavaliers de la garde républicaine, s'avançait le général Saussier, gouverneur de Paris, suivi de son état-major et de la première division d'infanterie.

Venaient ensuite les délégations des diverses sociétés divisées en 14 groupes, puis les couronnes portées sur des civières. Citons celles de la fédération des Alsaciens-Lorrains, du Bon-Marché, des Bateaux parisiens, de l'Exposition du travail, de la Brasserie française, des Brasseurs de Strasbourg, du Crédit Foncier, de la ville de Dôle, de l'Assistance publique, des Employés à la désinfection, de l'Union française, de la Jeunesse des Etudiants de France (celle-ci précédée par les étendards voilés de crêpe) ; des associations de Paris, Caen, Lille et Nancy, de l'Université de Lille, des Ingénieurs et des Architectes sanitaires, des Agriculteurs de France, de l'Institut agronomique (1).

Viennent ensuite, également portées à bras, les couronnes du Laboratoire municipal, de la Préfecture de la Seine, de la Préfecture de police, du Conseil municipal et du Conseil général de la Seine. Puis, six chars à deux chevaux portent

---

(1) Nous empruntons ce récit des obsèques à l'ouvrage de M. Bournand : *Pasteur, sa vie, son œuvre*, p. 250.

12

d'autres couronnes en quantité prodigieuse, parmi lesquelles on remarque : celles de l'Institut Pasteur, « à son Chef », branche de laurier d'argent et palme de vermeil ; du duc d'Orléans, du laboratoire de pathologie expérimentale de la Faculté de Paris, en argent ; des étudiants alsaciens-lorrains de Strasbourg, du *Berliner medicinische Gesellschaft, ifrem grossen chrenmitglied*, « Louis Pasteur », en fleurs naturelles ; de l'Institut expérimental de Saint-Pétersbourg, en argent ; de l'Ecole normale supérieure, de l'Ecole d'Alfort, de l'Association des journalistes parisiens, de l'Université de Liège, de la ville d'Alais, du pavillon Pasteur à l'hôpital Cochin, de la Ligue des patriotes, de l'Association des étudiants étrangers à Paris, du « Portugal reconnaissant », de la Pouponnière, de la Faculté de médecine de Toulouse, de la ville du Hâvre, du duc de Luynes, des filateurs des Cévennes, des distillateurs de France, de la Chambre de Commerce d'Avignon, de la ville de Rueil, des villes d'Arbois et de Dôle, celle-ci tout en raisins ; de l'Ecole des Beaux-Arts, de l'Association des Dames françaises, de l'Université d'Utrecht, du Service de la diphtérie à l'hôpital des Enfants-Malades, etc., etc...

Derrière les chars viennent encore trois couronnes sur des civières : la première, en fleurs naturelles, porte cette inscription : « A Louis Pasteur, le roi de Portugal » ; la seconde, en immortelles, est offerte par l'Ecole polytechnique et accompagnée d'une délégation d'élèves en uniforme ; la troisième, orchidées et feuillages, porte l'inscription suivante : « A Pasteur, le gouvernement de la République ».

Derrière les couronnes viennent : la voiture du clergé, le colonel, l'état-major et la musique de la garde républicaine ; les professeurs, chefs de service et employés de l'Institut Pasteur ; enfin, le char funèbre, suivi de quatre employés des pompes funèbres, portant les quatre coussins où sont déposées les décorations du défunt. Les cordons du poêle sont tenus par MM. Poincarré, ministre de l'Instruction publique ; Joseph Bertrand, secrétaire perpétuel de l'Académie des sciences ; Georges Perrot, directeur de l'Ecole normale supérieure ; Brouardel, doyen de la Faculté de médecine ; Gaston Boissier, secrétaire perpétuel de l'Académie française ; et Bergeron, secrétaire perpétuel de l'Académie de médecine.

Puis vient la famille : M. Jean-Baptiste Pasteur et M. Vallery-Radot, qui tient par la main son jeune fils, conduisant le deuil ; MM. Edgar Zévort, Achille Laurent, Maurice Loir et les autres parents ou amis intimes. Madame Pasteur et les autres dames de la famille se sont rendues directement à Notre-Dame sans suivre le cortège.

Après la famille, marche le commandant Bourgeois, représentant le Président de la République, qui, lui aussi, s'est rendu directement à Notre-Dame ; les ministres : MM. Ribot, Trarieux, Hanotaux, Leygues, l'amiral Besnard, le général Zurlinden, Gadaud, Chautemps et Dupuy-Dutemps, c'est-à-dire tous les ministres, à l'exception de M. Lebon, absent de Paris.

Puis viennent les représentants du corps diplomatique, les délégations du Sénat et de la Chambre des Députés, les grands-croix de la Légion d'honneur, les délégations de toutes les classes de l'Institut, des officiers de toutes les armes et les représentants de tous les corps constitués : Conseil d'Etat, Cour de Cassation, Cour des Comptes, Cour d'Appel, Conseils supérieurs et Directions des ministères, Clergé des cultes reconnus, Préfets de la Seine et de police, Conseils municipal et général, facultés et lycées, tribunaux, etc.

Douze voitures de deuil et une centaine de voitures vides, appartenant à divers personnages qui marchent à pied, suivent le cortège, qui est fermé par la deuxième division d'infanterie ; la cavalerie, l'artillerie, un demi-escadron de la garde républicaine forment une haie mobile. Une haie de gardiens de la paix et de gardes à pied maintient la foule sur le trottoir.

L'affluence est énorme sur tout le parcours, principalement aux abords de la rue Dutot et du pont Saint-Michel, c'est-à-dire aux deux points extrêmes de l'itinéraire, qui comprend le boulevard de Vaugirard, la rue de l'Arrivée, la rue de Rennes, les boulevards Saint-Germain et Saint-Michel. Cette foule est parfaitement calme, respectueuse et recueillie ; tout le monde se découvre devant le passage du char. Les quatorze cents gardiens de la paix et les dix-huit cents gardes républicains (dont deux cents à cheval), qui étaient chargés du service d'ordre, n'ont pas eu à s'occuper du plus léger incident.

II

Le cortège débouche, à onze heures quarante, sur la vaste place du Parvis, interdite au public. Les troupes et les délégations passent devant le porche de l'église et tournent par la rue d'Arcole, autour de l'île, pour aller se reformer sur le quai de l'Archevêché pour le défilé.

A midi moins le quart, l'archiprêtre vient recevoir le corps sous le porche et le précède jusqu'à l'immense catafalque dressé dans l'avant-chœur. Ce catafalque est le même que celui qui servit aux obsèques de M. Carnot, sauf les quatre statues des angles qui ont été remplacées par des faisceaux de drapeaux tricolores.

Au-dessus du catafalque, un dais funéraire accroché à la voûte laisse pendre quatre grandes draperies qui vont rejoindre celles des arcades de la nef.

Sur les tentures funèbres se détachent des cartouches avec les lettres d'argent R. F. et l'initiale P. croisée par une palme. Entre les cartouches sont placés des faisceaux de drapeaux. Le chœur n'est pas tendu.

A midi, le Président de la République arrive devant l'église. Il est reçu, à l'entrée, par l'archiprêtre de Notre-Dame, qui le précède et le conduit jusqu'à son fauteuil placé à gauche dans l'avant-chœur, près de la grille du chœur.

Du même côté, dans le chœur même, est le fauteuil de l'archevêque de Sens.

En face, celui de l'archevêque de Paris.

Derrière le Président entrent le grand-duc Constantin et le prince Nicolas de Grèce, marchant ensemble, puis les ministres, les délégations de l'Académie, les membres du corps diplomatique, les généraux et leurs états-majors.

La messe commence, dite par un des vicaires de Notre-Dame. C'est une messe basse avec chants exécutés par la maîtrise de Notre-Dame.

La messe terminée, l'archevêque de Paris va donner l'absoute à l'entrée de l'église et le corps est transporté dans le catafalque érigé sur la place du Parvis en face de l'Hôtel-Dieu.

Le Président de la République sort de l'église, ayant à sa gauche le prince de Grèce et à sa droite le grand-duc Constantin, tous deux en uniforme. Ils vont se placer dans cet ordre à droite du catafalque. A gauche se tient la famille Pasteur.

Devant le catafalque, est placée une tribune drapée de noir, dans laquelle monte M. Poincarré pour prononcer l'éloge funèbre du défunt. Ce morceau de haute éloquence laisse trop dans l'ombre les qualités de chrétien convaincu et de catholique sincère que Pasteur déploya dans tout le cours de son existence, mais il rend largement hommage à ses idées spiritualistes, à sa science et à son génie.

Il rappelle l'inoubliable fête du *Jubilé* où « tous les mots de toutes les langues » avaient été employés pour louer Pasteur et il s'écrie :

« Aujourd'hui que la mort a brisé cette généreuse existence et que nous portons le deuil de celui que nous acclamions naguère, aujourd'hui que nous éprouvons, si récente et si douloureuse, la sensation du vide immense que laisse derrière elle cette vie prodigieuse, il semble moins que jamais possible d'élever l'éloge à la hauteur de la réalité.

« Si ceux que Pasteur a aimés, si cette noble veuve, si cette famille qu'entoure aujourd'hui la sympathie de tout le monde civilisé, n'avaient émis le vœu que le représentant du gouvernement prît seul ici la parole, il ne se serait pas trouvé un corps savant qui ne tînt à honneur de donner à ce grand homme un suprême témoignage de gratitude.

« Et si le ministre qui est chargé d'adresser, au nom de tant d'admirations silencieuses, un dernier adieu à Louis Pasteur, voulait tenter de rendre à sa mémoire un hommage digne d'elle, il faudrait hélas ! qu'il essayât de mettre dans la forme imparfaite des mots, non seulement de ces choses que seule la science saurait exprimer, mais de ces choses, plus intimes et plus inexprimables encore, qui restent cachées et muettes dans l'âme populaire...

« La science ne se lassera point, Messieurs, d'admirer dans le génie de Pasteur, la force combinée d'une imagination créatrice et de la plus rigoureuse méthode expérimentale...

« Ses études successives sur le charbon, sur le choléra des poules, sur la rage, ces études que continuent avec tant d'éclat les savants disciples de Pasteur, et qui ont récemment abouti à la cure de la diphtérie, marquent les sages, les prudentes, les glorieuses étapes d'une des conquêtes scientifiques les plus belles et les mieux conduites qu'il a encore été donné à l'homme d'entreprendre et d'accomplir...

« Aussi, quand pour mieux continuer ses recherches sur les maladies contagieuses, il projeta la création de cet Institut qui porte son nom, et qui bientôt recevra ses cendres, n'eut-il qu'à faire appel à l'initiative de la générosité privée

pour provoquer, dans le monde entier, des
adhésions aussi touchantes que nombreuses et
empressées. C'était la reconnaissance du peuple,
des pauvres, des humbles qui montait déjà vers
Pasteur vivant, telle qu'elle s'incline aujourd'hui,
émue et attendrie, devant ses dépouilles mortelles,
telle qu'elle survivra, éternelle et immuable, à
travers les générations futures.

« Heureux, disait Pasteur, heureux celui qui
porte en lui un idéal et qui lui obéit. » Il a obéi
toute sa vie à l'idéal le plus pur, à un idéal supérieur de science, de vertu, de charité. Toutes ses
pensées et toutes ses actions se sont éclairées au
reflet de cette lumière intérieure ; il a été grand
par le sentiment comme il a été grand par l'intelligence, et l'avenir le rangera dans la radieuse
lignée des apôtres du bien et de la vérité.

« Adieu ! cher et illustre maître ! La science,
que vous avez si grandement servie, la science
immortelle et souveraine, par vous devenue
plus souveraine encore, transmettra aux âges les
plus lointains l'ineffaçable empreinte de votre
génie.

« La France que vous avez tant aimée, gardera
fièrement comme un bien national, comme une
consolation, comme une espérance, votre souvenir
vénéré.

« L'humanité, que vous avez secourue, envi-
ronnera votre gloire d'un culte unanime et
impérissable, où elle verra fondre les rivalités

nationales et où elle conservera, vibrante et forte, la foi commune dans le progrès infini. »

Cette parole haute et noble satisfait dans son ensemble l'attente de la multitude ; le discours achevé, le général Saussier salue le catafalque de l'épée et le défilé des troupes sous ses ordres termine cette importante cérémonie.

Les restes de l'illustre savant doivent reposer dans cet Institut Pasteur témoin de ses derniers travaux ; mais en attendant que soit aménagé le monument qui doit les contenir, son corps demeure dans l'un des caveaux de Notre-Dame.

CHAPITRE XIII

Le Caractère.

La foi. — Le patriotisme. — Le travail. — La bonté. — Anecdotes.

I

L'homme dont une capitale entière venait de mener le deuil en un cortège magnifique n'était pas seulement le premier des savants de son époque, c'était aussi un grand et noble caractère.

Chrétien aux convictions profondes, citoyen à l'âme haute et fière, travailleur infatigable, cœur tendre et bon, Pasteur a laissé l'exemple d'une vie pleine et sans tache.

Fidèle à la foi de son baptême, il n'a jamais été tenté d'en contester les mystères sous le prétexte si souvent invoqué d'un désaccord apparent avec la science. Abîmé dans une recherche incessante de l'infiniment petit, ses regards n'ont jamais perdu de vue l'Infiniment Grand, et il a fouillé les problèmes de la vie et de la mort sans jamais discuter l'autorité du Maître.

Pas plus que les Newton, les Lavoisier, les Jussieu, les Linnée, les Cuvier, les Ampère et tant d'autres, il ne s'est imaginé que les causes secondes rendaient inutile la cause première, et que l'idée de Dieu ne pouvait plus habiter le cerveau d'un savant. Les partisans des générations spontanées ont trouvé en lui un adversaire terrible pour leur doctrine matérialiste. Mais jamais ses attaques ne prirent une forme plus éclatante que lorsque, dans son discours de réception à l'Académie française, il réduisait à néant le positivisme de M. Littré.

Un caractère moins ferme, des convictions moins vives eussent pu trouver, dans l'assemblée brillante qui l'entourait et la présence du pontife de la libre-pensée qui la présidait, une excuse ou un prétexte pour atténuer une vérité gênante ; Pasteur crut de son devoir de parler avec d'autant plus de franchise, de dévoiler le manque de perspicacité de son prédécesseur, et de forcer Renan lui-même à rendre hommage à ses convictions sincères.

Ces déclarations courageuses ne firent qu'augmenter le respect qui s'attacha comme une auréole au front du savant pendant toute son existence.

La foi de Pasteur n'était pas purement théorique, dédaignant ou négligeant de s'abaisser jusqu'à la pratique. Il était dans le Midi, fort occupé des vers à soie, quand on vint le prier d'aller voir l'établissement de MM. Deydier, au pont d'Aubenas. Il s'y rendit, et on le retint à dîner ; c'était un vendredi, mais il tint à observer, là comme ailleurs, la loi du maigre, donnant ainsi l'exemple de la soumission aux lois de l'Eglise.

Une autre fois, il se trouvait dans sa petite ville d'Arbois, quand l'arrêté stupide d'un maire burlesque interdit la procession traditionnelle du « Biou », qui a pour but de porter à l'église les prémices de la vendange. Pasteur protesta, consola les vignerons, et on le vit, au premier rang, les accompagner dans le cortège spontanément formé, pour aller, sans procession, offrir le « Biou », à l'église paroissiale.

Il avait, avec les prêtres des différentes paroisses où il résidait, les meilleurs rapports d'intimité, et un jour il disait à l'un d'eux, en assistant à la distribution des prix des écoles communales :

« Que de peine vous devez éprouver, Monsieur le Curé, d'assister à une cérémonie de ce genre sans y avoir une seule fois entendu prononcer le nom de Dieu ! Je l'éprouve comme vous; l'école sans Dieu me paraît être une monstruosité. »

Un autre jour causant avec un de ses amis qui lui demandait :

« — Comment conciliez-vous vos expériences avec les enseignements de la Bible? »

Il lui disait :

« — Quand vous aurez lu la Bible et tous les commentaires des exégètes, je vous répondrai. Toutes mes études m'ont amené à avoir la foi du paysan breton; si j'avais étudié plus encore, j'aurais la foi de la paysanne bretonne!... »

A l'occasion du jour de l'an, Pasteur avait l'habitude de recevoir les hommages de toutes les sommités scientifiques; dans une des dernières années, Madame Pasteur apparaît, tenant à la main une dépêche ouverte :

« — C'est le Saint-Père, dit-elle, qui t'envoie sa bénédiction pour l'année qui commence. »

Aussitôt, le savant interrompt toute conversation; il se recueille, son visage prend une expression d'heureux attendrissement, et deux grosses larmes coulent sur le papier qu'il tient à la main.

Pasteur fut chrétien dans sa vie, il le fut dans sa mort, on s'en souvient ; il suffirait d'évoquer le témoignage du crucifix que ses doigts déjà roidis serraient convulsivement, et que ses lèvres presque froides cherchaient encore à baiser.

Honneur au savant chrétien qui, dans un siècle d'incrédulité, n'a pas craint de donner à la France et au monde le spectacle d'une vie sans tache et d'une pieuse mort.

II

Chrétien convaincu, Pasteur fut un citoyen à l'âme haute et fière, un patriote ardent.

On dit que la science n'a pas de patrie : nous l'ignorons, mais ce que nous pouvons dire, c'est que si Pasteur fut passionné pour la science, il aima non moins sa patrie, il aima la France.

S'il ne versa pas son sang pour elle sur les champs de bataille, il lui donna ses sueurs et ses veilles, sa santé, et plus encore, sa gloire.

Il la servit par tous les travaux de sa vie scientifique, il la servit en fils illustre par ses merveilleuses découvertes, et il lui donna peut-être plus qu'aucun autre de ses enfants en ce XIXᵉ siècle.

Dans sa longue carrière de professeur, il répétait sans cesse à la jeunesse qui l'entourait :

« — Servez l'humanité, mais n'oubliez pas le coin de terre qui est la patrie : soyez des hommes, mais soyez des Français ; plus que jamais la France a besoin d'être étroitement aimée et résolument servie.

Il est vrai qu'autant il aimait le patriotisme, autant il détestait la vaine ambition et la politique, cette politique cruelle qui tue l'âme des savants qu'elle arrache à la science.

« — Ah ! pourquoi, s'écriait-il un jour en pleine Académie française, pourquoi la politique éloigne-t-elle de la science ?... Pourquoi faut-il que cette accapareuse prenne trop souvent les meilleurs, les plus forts d'entre nous ?... On ne peut pas faire autrement, lorsque le pays nous appelle à son secours dans un jour de désastre. Mais que de sauveurs en disponibilité passent leur temps à offrir un secours que personne ne réclame ! »

Ce fut surtout dans la guerre terrible de 1870, que Pasteur donna à sa manière des gages de son patriotisme. Pendant la dernière période du siège de Paris, les Allemands, dans l'espoir de terroriser la population affamée, s'étaient mis à bombarder la capitale. Sans aucun égard pour les incomparables collections scientifiques du Muséum, qui font l'admiration du monde entier, ils n'hésitèrent pas à y pointer leurs canons et à y envoyer des obus comme ils l'avaient fait, d'ailleurs, sur les églises, et même sur les hôpitaux.

Pasteur était alors dans le Jura, occupé tout entier, comme les départements voisins, par les troupes allemandes. Aussitôt qu'il apprit l'acte de vandalisme dont le Muséum était victime, il envoya la lettre suivante à l'Université de Bonn qui, quelques années auparavant, lui avait décerné le diplôme de docteur.

A Monsieur le Doyen de la Faculté de médecine de Bonn (Prusse Rhénane).

Arbois (*Jura*), le 18 janvier 1871.

« MONSIEUR LE DOYEN,

« En 1863, la Faculté de médecine de l'Université de Bonn m'a fait l'honneur de me décerner d'office le titre de docteur en médecine, en récompense de mes travaux sur les fermentations et le rôle des organisations microscopiques. De toutes les distinctions que m'ont values les découvertes qu'il m'a été donné d'accomplir, depuis mon entrée dans la carrière des sciences, il y a vingt-deux ans, il n'en est pas, je l'avoue, qui m'ait procuré plus de satisfaction. C'était à mes yeux la légitimation d'une pensée intime dont je sentais la vérité s'affermir de plus en plus, que mes recherches ont ouvert aux études médicales des horizons nouveaux.

« Je m'empressai même de mettre sous verre le diplôme d'honneur qui consacrait la décision de votre Faculté et j'en ornai mon cabinet de travail. Aujourd'hui, la vue de ce parchemin m'est odieuse, et je me sens offensé de voir mon nom, avec qualification de *Virum clarissimum* dont vous le décorez, se trouver placé sous les auspices d'un nom voué désormais à l'exécration de ma patrie, celui de *Rex Guilelmus*.

« Tout en protestant hautement de mon profond respect envers vous et envers tous les professeurs célèbres qui ont apposé leur signature au bas de la décision des membres de votre ordre, j'obéis à un cri de ma conscience en venant vous prier de rayer mon nom des archives de votre Faculté et de reprendre ce diplôme en signe de l'indignation qu'inspirent à un savant français la barbarie et l'hypocrisie de celui qui, pour satisfaire un orgueil criminel, s'obstine dans le massacre de deux grands peuples.

« Depuis l'entrevue de Ferrières, la France combat pour le respect de la dignité humaine et la Prusse pour le triomphe du plus abominable des mensonges, savoir que la paix future de l'Allemagne est au prix du démembrement de la France, tandis que pour tout homme sensé la conquête de l'Alsace et de la Lorraine est l'enjeu d'une guerre sans limite. Malheur ou pitié aux peuples de l'Allemagne, si, plus voisins que nous du servage féodal, ils ne comprennent pas que la France, propriétaire des terres d'Alsace et de Lorraine, n'est pas maîtresse des consciences de leurs habitants. La Savoie serait encore piémontaise si, par un vote libre, ses habitants n'avaient consenti à devenir Français. Tel est le droit moderne des nations civilisées que votre roi foule aux pieds et pour la défense duquel la France est debout. Aussi, à aucune époque de son histoire peut-être, elle n'a mieux mérité d'être appelée la grande nation, l'initiatrice du progrès, la lumière des peuples. Voilà le peuple qui se lève devant vous, prêt à pousser jusqu'au bout du monde et à tout oser parce qu'il a a conscience de la justice et de la sainteté de sa cause.

« Veuillez agréer, Monsieur le Doyen, et faire agréer à vos savants collègues, l'hommage de mes sentiments de haute considération.

« Louis Pasteur,

« Membre de l'Institut. »

Devant ce cri admirable de patriotisme révolté, la Faculté de Bonn garda le silence pendant six semaines, puis au bout de ce temps, l'insolence se réveillant chez le vainqueur, le doyen

Naumann envoya au Français cette réponse grossière :

« Bonn, 1ᵉʳ mars 1871.

« MONSIEUR,

« Le soussigné, doyen actuel de la Faculté de médecine de l'Université de Bonn, est chargé de répondre à l'insulte que vous avez osé faire à la nation allemande, dans la personne sacrée de son auguste Empereur, le roi Guillaume de Prusse, en vous envoyant l'expression de tout son mépris.

« Dʳ Maurice NAUMANN.

« P.-S. — Voulant garantir ses actes contre la souillure, la Faculté vous envoie ci-joint votre libelle. »

C'était répondre à l'expression du sentiment le plus noble par la plus vile grossièreté. Le savant crut devoir donner à cet Allemand une dernière leçon. Il lui écrivit :

« MONSIEUR LE DOYEN,

« En relisant votre lettre et la mienne, je me sens le cœur navré de penser que des hommes qui, comme vous et moi, ont consacré leur vie à la recherche de la vérité et aux progrès de l'esprit humain, se tiennent mutuellement un pareil langage motivé de ma part sur de tels actes. Voilà pourtant un des résultats du caractère imprimé à cette guerre par votre empereur.

« Vous me parlez de souillure, Monsieur le Doyen. Elle est, soyez-en sûr, et elle sera, jusque dans les temps les plus reculés, pour la mémoire de ceux qui ont commencé le bombardement de Paris, alors que la capitulation par la famine était inévitable, et qui ont continué cet acte sauvage, quand il fut devenu évident pour tous qu'il n'avancerait pas d'une heure la reddition de l'héroïque cité.

« Louis PASTEUR. »

Le savant français estima avec raison que les injures qui lui venaient des Allemands étaient pour lui une gloire ; et il plaça la lettre du doyen de la Faculté de Bonn dans le coffret qui renfermait ses insignes de grand-croix de la Légion d'honneur.

A cette même heure d'angoisses où Pasteur stigmatisait si justement la barbarie allemande, il déplorait dans un journal français les causes de nos désastres. Son patriotisme ardent lui inspirait les considérations de l'ordre le plus élevé qu'il développait sous ce titre : « *Pourquoi la France n'a pas trouvé d'hommes supérieurs au moment du péril ?* »

« Cette faute, dit-il, qui n'a pas permis à la France de trouver des hommes supérieurs pour mettre en œuvre ses ressources et le courage de ses enfants, c'est celle qu'elle a commise en se désintéressant, depuis un demi-siècle avant l'année terrible, des grands travaux de la pensée, particulièrement dans les sciences exactes...

« Aux débuts du XIXe siècle, la science avait brillé d'un nouveau lustre dans notre pays, grâce à la création de deux établissements qui furent longtemps sans rivaux en Europe : le Muséum d'histoire naturelle et l'Ecole Polytechnique ;... par ces deux institutions, la seule ville de Paris comptait plus d'inventeurs qu'aucune partie du monde.

« Mais, malheureusement, les pouvoirs publics n'ont rien fait pour entretenir et propager ce progrès... le pays n'a vécu que sur son passé.

« Tandis que l'Allemagne multipliait ses universités, qu'elle établissait entr'elles la plus salutaire émulation, qu'elle entourait ses maîtres et ses docteurs d'honneurs et de vénération, qu'elle créait de vastes laboratoires dotés des meilleurs instruments de travail, la France, énervée par les révolutions, toujours occupée de la recherche stérile de la meilleure forme de gouvernement, ne donnait qu'une attention distraite à ses établissements d'instruction supérieure.

« Au point où nous sommes arrivés de ce qu'on appelle la civilisation moderne, *la culture*

*des sciences dans leur expression la plus élevée
est peut-être plus nécessaire encore à l'état moral
d'une nation qu'à sa prospérité matérielle.* »

Pasteur donnait de longs développements à
cette considération si juste et si élevée et montrait
ainsi tout à la fois la perspicacité de son jugement,
la haute portée de son intelligence et l'ardeur de
son patriotisme :

« O ma patrie ! s'écriait-il en terminant, toi
qui as tenu pendant si longtemps le sceptre de la
pensée, pourquoi t'être désintéressée de ses plus
nobles créations ? Elles sont le flambeau qui illu-
mine le monde, la source vive de tous les grands
sentiments, le contre-poids à l'entraînement vers
les jouissances matérielles. »

Jusqu'à sa mort, le savant garda aussi vivante
la blessure que lui avait faite au cœur les terribles
évènements de la guerre allemande, et trois mois
avant sa mort, à l'époque des fêtes de Kiel, il
refusait, avec autant de simplicité que de noblesse,
la décoration du Mérite de Prusse que Guillaume II lui faisait offrir par l'Académie de
Berlin.

« Cette distinction, disait-il, l'eût honoré
comme savant, mais *il ne pouvait, comme Français, oublier la guerre de 1870 et jamais il n'ac-
cepterait une décoration allemande.* »

Tel fut le grand citoyen que l'Allemagne nous
envia.

III

Si Pasteur aima la patrie, son cœur connut un
autre amour et c'est à cet amour qu'il doit sa
gloire. Pasteur eut la passion du travail ; et toute
sa vie, si austère, si régulière, fut une vie de
laboratoire et d'étude. Ne donnant aucune relâche
à l'activité de son esprit, on le voyait le soir,
après son dîner, à la fin d'une journée consacrée
tout entière aux recherches les plus ardues,
arpenter un long corridor où personne n'osait
venir troubler sa rêverie.

Là, comme seule distraction, il retournait, sous
toutes ses faces, l'idée poursuivie ; parfois, on le
voyait s'arrêter comme en extase devant une
lueur inconnue qui venait d'éclairer soudain son
cerveau, et on l'entendait s'écrier :

« — Que c'est beau !... que c'est beau !... »

Puis il reprenait sa marche et, frappant du pied,
il disait :

« — Il faut se remettre au travail... »

Et jusqu'à une heure avancée de la nuit, sa
lampe ne s'éteignait pas. Même pendant le sommeil, la pensée poursuivait son rêve et parfois on

Le Berger Jupille terrassant un chien enragé.
Statue érigée dans la cour de l'Institut Pasteur rue Dutot.

surprenait sur ses lèvres les formules qui avaient
fait l'objet de ses recherches.

Cette intensité de travail et ce labeur du cerveau
épuisèrent avant l'âge un corps déjà chétif ; de
bonne heure la paralysie, envahissant une partie
de son être, vint lui raidir le bras gauche et la
jambe qu'il traînait comme un glorieux mutilé du
champ de bataille de la science.

Il n'en continua pas moins ses études avec la
même activité, la même passion : poursuivant
pendant des années entières le résultat d'une
recherche intensive et provoquant dans son
entourage l'ardeur qui le consumait.

Il fallait le voir, dit un de ses élèves, au milieu
de ces jeunes hommes qu'il formait à son école,
les Desclaux, les Chamberland, les Metchnikof,
les Roux, les Calmette, les Chantemesse, « tous
ces chasseurs de bacilles, ces moines de la bacté-
riologie, ces chevaliers du microscope qui détrui-
ront le choléra quelque jour, comme ils ont
dompté la diphtérie ou la rage ; tous ces pastoriens suivaient anxieusement du regard le maître
examinant leurs travaux et les fiches où ils ins-
crivaient leurs observations. Tel Napoléon devant
son état-major. Un froncement de soucils devenait
un jugement. »

IV

Et cependant, ce savant était le plus doux et le meilleur des hommes !... Jamais cœur ne fut plus tendre et plus rempli de ce que Shakespeare appelle « le lait de la bonté de la nature humaine. »

Il aimait tant les siens que lorsqu'il vint à Paris pour la première fois, on dut le ramener au bout de quelques jours à Arbois, son pays natal, et il lui fallut plus d'un an pour s'acclimater à l'Ecole normale, l'objet de ses rêves depuis de longues années.

Il garda toujours cette tendresse filiale, et en donna l'exemple jusque dans les années les plus reculées de son âge mûr.

Le Conseil municipal de sa ville natale avait décidé qu'une plaque commémorative serait placée sur la façade de sa maison paternelle. Pasteur se fit longtemps prier avant d'accepter cet honneur. Cependant, il dut céder à de très honorables instances, et la pose de cette plaque de marbre fut l'occasion d'une fête que ses compatriotes lui offrirent. Pasteur remercia et on l'entendit s'écrier :

« Oh ! mon père et ma mère ! Oh ! mes chers disparus ! qui avez si modestement vécu dans

cette petite maison, c'est à vous que je dois tout!
Tes enthousiasmes, ma vaillante mère, tu les as
fait passer en moi! Si j'ai toujours associé la
grandeur de la science à la grandeur de la patrie,
c'est que j'étais imprégné des sentiments que tu
m'avais inspirés!

« Et toi, mon cher père, dont la vie fut aussi
rude que ton rude métier, tu m'as montré ce que
peut faire la patience dans les longs efforts. C'est
à toi que je dois la ténacité du travail quotidien.
Non seulement tu avais les qualités persévérantes
qui font les vies utiles, mais tu avais aussi l'admiration des grands hommes et des grandes choses.
Regarder en haut, apprendre au-delà, chercher à s'élever toujours dans le bien, voilà ce
que tu m'as enseigné. Je te vois encore, après ta
journée de labeur, lisant le soir quelque récit de
bataille, qui te rappelait l'époque glorieuse dont
tu avais été le témoin. En m'apprenant à lire,
tu avais souci de m'apprendre la grandeur de la
France.

« Soyez bénis l'un et l'autre, mes chers parents,
pour ce que vous avez été, et laissez-moi vous
reporter l'hommage fait à cette maison. »

A elles seules, ces paroles qui arrachent les
larmes révèleraient les trésors de tendresse cachés
dans ce cœur de savant qui n'a jamais rougi de
son humble origine. Il allait chaque année passer
quelques semaines en sa petite maison d'Arbois,

respirer l'air pur des monts noirs, couronnés de sapins, revoir les collines et les guérets, et les vignobles où s'écoulèrent les joyeuses années de son enfance ; il accueillait avec une franche cordialité tous ceux, riches ou pauvres, qui venaient le saluer.

Il n'était encore qu'un tout jeune professeur, suppléant de la chaire de chimie à la Faculté de Strasbourg, quand il devint l'ami et le confident intime de M. Laurent, recteur de l'Académie de cette même ville. Du premier coup d'œil, celui-ci avait apprécié le caractère et le talent du jeune docteur, dont les leçons étaient déjà applaudies à l'égal de celles des maîtres les plus habiles.

Des encouragements paternels décidèrent le jeune suppléant à demander la main de Mademoiselle Laurent. Pasteur eut le bonheur de voir agréer sa requête, et cette union bénie du ciel lui donna cinq enfants : un fils et quatre filles. L'aîné, Jean-Baptiste, est devenu premier secrétaire d'ambassade à Madrid ; l'une des filles a épousé M. Vallery-Radot, à qui nous devons l'ouvrage le plus intéressant sur Pasteur ; les trois autres sont mortes.

C'est entouré de cette famille aimante que le savant a vécu ; à peine l'a-t-il quittée quelques jours, et on a dit qu'il avait fait de sa femme et de ses enfants des collaborateurs qu'il associait

à ses travaux, à ses peines, à ses joies, à ses
attentes anxieuses, à ses découvertes éblouis-
santes.

S'il aima les siens, il eut aussi une autre
famille à laquelle il s'attacha : c'est celle de ses
malades, et le défilé incessant de toutes ces existences, accourues à lui comme à un sauveur, le
jetait dans un état perpétuel de préoccupation
frémissante.

Il regardait avec anxiété les plaies de ceux qui
étaient le plus grièvement mordus, les plaies des
enfants surtout. On ne pouvait l'arracher à cette
contemplation douloureuse, et quand la foule des
inoculés et des médecins était sortie, il restait
encore là pour servir de secrétaire à quelque
paysan traité qui lui dictait une lettre.

L'arrivée de la petite Louise Pelletier, mordue
depuis trente-sept jours, et dans les circonstances
les plus graves, l'avait bouleversé. Il y voyait
un échec à peu près certain pour la méthode
qui lui était chère, et cependant, devant un père
et une mère pleins d'angoisses, son cœur lui
faisait dire :

« — N'aurais-je qu'une chance sur dix mille de
sauver cette enfant, je dois tout tenter. »

Il tenta en effet l'impossible, et ne quitta pas le
chevet de l'enfant ; mais la rage, trop invétérée,
fut la plus forte. La pauvre petite ne reconnaissait
plus son père qu'elle prenait pour un étranger,

mais elle appelait sans cesse M. Pasteur, dont elle reconnaissait le dévouement; elle lui prenait les mains, elle lui disait :

« — Restez près de mon lit, j'aurais peur si vous vous en alliez! Oh! je suis si contente de vous avoir près de moi! »

Le savant avait peine à dissimuler son émotion, et il détournait la tête pour cacher ses larmes à la petite mourante.

Sous cette écorce de savant bourru, battait donc un cœur de père, dont la sensibilité était restée neuve et de tous points vulnérable.

On eût dit que ses adversaires le savaient, lorsqu'ils le harcelaient des attaques de leur mauvaise foi et de leurs calomnies perfides : parfois l'indignation du célèbre savant se soulevait malgré lui, et il avait des paroles sévères pour des contradicteurs qui refusaient de se rendre à l'évidence.

Mais bientôt l'humeur passait et la sérénité reparaissait sur ce visage illuminé par la science ; car cet homme était au fond aussi modeste que savant. On se rappelle ses protestations quand on donna son nom à l'Institut Pasteur. Un autre jour qu'on le félicitait de nouvelles guérisons opérées en grand nombre, on ajoutait :

« — C'est un nouveau triomphe pour vous. »

Il répondit brusquement :

« — Le triomphe n'est pas pour moi, il est pour la méthode. Dans des questions comme celle-là, l'homme disparaît, le résultat scientifique reste. »

Pasteur était toujours prêt à s'éclipser et à chercher dans l'accomplissement du devoir le plus humble la satisfaction de sa conscience. A ce propos, un de ses collègues à l'Académie a raconté le trait suivant qui va nous faire connaître sa grandeur d'âme :

« Le devoir, tout le devoir, fut la règle constante de la vie si bien remplie de Pasteur. Mais les devoirs se contrarient quelquefois et il y a des moments où l'on éprouve un grand embarras à les concilier. Un jour j'ai été témoin, chez notre illustre ami, d'un conflit de scrupules qui lui fait le plus grand honneur.

« M. Pasteur, un certain nombre de savants et moi, nous étions délégués, en 1889, pour représenter l'Université de France et nos académies respectives au troisième centenaire de l'Université d'Edimbourg. Des réceptions triomphales nous attendaient. En mémoire des services que M. Pasteur avait rendus aux fabricants de bière, un grand brasseur écossais avait commandé pour nous un train spécial de Londres à Edimbourg.

« Au moment où nous allions partir, on apprit la mort du grand chimiste J.-B. Dumas. Les funérailles devaient se faire le jour même de notre départ. J.-B. Dumas, qui aimait et protégeait très généreusement tous les jeunes gens, dans lesquels il devinait de futurs savants, avait beaucoup aidé M. Pasteur à ses débuts. M. Pasteur avait pour lui autant de reconnaissance que d'affection. J'allai chez lui pour régler les derniers détails d'un voyage qui ne pouvait être différé. Nous étions attendus à Edimbourg à jour fixe. Je le trouvai tout en larmes ; il m'annonça avec une profonde émotion qu'il renonçait à partir, qu'il ne pouvait accepter l'idée de ne pas suivre le char funèbre de son cher et vénéré maître.

« Cette résolution me consterna. Je sentais que si M. Pasteur nous abandonnait, l'effet de notre voyage était manqué.

« En face des plus illustres savants allemands, de Virchow et de Helnedelz, il allait représenter la gloire de la science française. Lui de moins nous étions découronnés.

« Heureusement, je savais ce qu'aurait pensé et dit en pareil cas J.-B. Dumas, si attentif aux intérêts de la science française, à tout ce qui pouvait en augmenter le renom dans le monde. J'invoquai, contre l'émotion de M. Pasteur, les sentiments bien connus de son maître. Je lui dis que la meilleure manière d'honorer cette grande mémoire était de s'inspirer de sa pensée, de ce qu'il aurait souhaité qu'on fît. Si la présence à Paris était un devoir pieux, la présence à

Edimbourg était aussi un devoir d'un ordre plus élevé et plus général.

« Beaucoup d'autres pouvaient remplir le second avec l'autorité, avec l'éclat nécessaire.

« Ce n'était pas en France, c'était en Ecosse qu'il fallait représenter les traditions léguées par toute la vie de J.-B. Dumas.

« M. Pasteur se rendit à cette évocation, c'est au nom de J.-B. Dumas que j'obtins qu'il renonçât à assister aux funérailles de J.-B. Dumas. La science française y trouva son compte.

« Le voyage de M. Pasteur ne fut qu'une longue ovation ; toutes les gloires étrangères pâlirent devant la sienne. Grâce à cette victoire remportée sur ses sentiments intimes, au sacrifice qu'il voulut bien faire d'un devoir qu'il considérait comme sacré, nous gardâmes le rang qui nous appartenait dans le monde scientifique — le premier (1). »

C'est ainsi que Pasteur soumettait son propre jugement à celui de ses collègues et se rendait à leurs désirs avec une condescendance admirable. Encore une fois, nul être humain ne fut meilleur. Il suffisait de le voir passer pour le deviner, a dit un de ses élèves ; ceux qui, les jours de séances académiques, l'apercevaient

____

(1) *Annales politiques et littéraires,* p. 641. Récit de M. MÉZIÈRES.

appuyé sur le bras de son gendre, marchant lentement, traversant la cour de l'Institut, ne pouvaient, même en ne le connaissant pas, s'empêcher de dire : « Ce passant est quelqu'un. » Il y avait un rayonnement jusque dans sa simplicité. Et quand on entendait tout bas : « C'est M. Pasteur ! » les fronts se découvraient. « On saluait ce groupe vénérable et touchant : le grand homme qui combattait la mort, l'homme jeune qui, vivant à l'ombre de cette gloire, apportait au vieillard un cœur de fils. »

Ecrivant pour les jeunes gens, nous ne pouvons oublier de dire que cet homme d'un caractère si élevé et d'une intelligence supérieure aimait la jeunesse. Il l'aimait de passion, parce qu'il voyait en elle l'avenir et l'espoir, et tout le bien qu'elle pouvait produire. Il se plaisait à lui rappeler ses grands devoirs.

« — L'homme, disait-il, est né pour agir, ne l'oubliez pas ; le travail n'est pas seulement un devoir, il est la raison d'être de la vie humaine, et, en même temps qu'il accroît la richesse sociale, il augmente l'énergie de notre âme. »

Et un autre jour il ajoutait :

« — A mon âge, on se retourne souvent pour regarder les générations qui nous suivent et pour compter les renforts d'espérances qu'elles peuvent apporter à l'honneur et à la fortune du

pays. Vous donnez un beau spectacle, Messieurs,
celui de la jeunesse du cœur consacré à une
grande œuvre nationale. »

Enfin, pour être complet sur ce chapitre de la
bonté et de la sensibilité de Pasteur, disons qu'il
aimait les animaux et vengeons sa mémoire de
l'épithète de vivisecteur qu'on a accolée parfois
à son nom.

Oui, certes, la vivisection a ses horreurs :
quand on arrive devant un chien couché, les
pattes liées, le regard perdu, le corps agité d'un
tremblement d'effroi, sur le point de subir, en
pleine santé, une opération sanglante, on ne peut
se défendre d'un mouvement de pitié. Mais il
suffit de réfléchir pour envisager la vivisection
sous son seul et vrai jour : le résultat qu'elle
peut avoir pour le bien de l'humanité. Est-ce
que si Pasteur n'avait pas sacrifié quelques poules
et quelques lapins, le grand fait scientifique de
l'atténuation des virus aurait été découvert ?
Qu'importe la vie d'une centaine de chiens, si
des milliers d'hommes doivent retrouver la vie
par leur mort ?... Au reste tout chien vivisecté
dans le laboratoire de Pasteur était un chien
chloroformé.

« Un jour, raconte M. Vallery-Radot, le savant
faisait une expérience sur l'oxygène de l'air
devant une grande assemblée. Il plaça sous une
cloche un oiseau qui, au bout de peu de temps,

après avoir consommé la provision d'oxygène
enfermé dans la cloche, se mit en boule, ouvrit le
bec et ferma les yeux comme un oiseau qui va
mourir. M. Pasteur introduisit à ce moment un
second moineau qui, passant sans transition de
l'air ordinaire sous cette cloche, tomba immédiatement asphyxié. Il y eut un petit cri d'effroi, un
mouvement de sensibilité dans l'auditoire. Pendant que le premier moineau qui l'avait échappé
belle était délivré et se ranimait peu à peu,
M. Pasteur se tourna vers l'assemblée :

« — Jamais, dit-il, je n'aurais le courage de
tuer un oiseau à la chasse, mais quand il s'agit
d'expériences, je ne suis arrêté par aucun scru-
pule. La science a le droit d'invoquer la souverai-
neté du but. »

V

Si la vie de Pasteur se présente à nous envi-
ronnée de l'auréole d'un travail austère, si son
cœur est porté à subir l'influence d'une sensibilité qui souvent se manifeste par des larmes,
si son existence se mêle plutôt aux douleurs
qu'aux joies de l'humanité, n'allons pas croire
cependant que ce fut un esprit mélancolique et
chagrin.

Bien au contraire, le professeur aimait à faire briller dans son cours les étincelles de cette gaieté gauloise qu'il avait reçue en partage avec la vie. Sa conversation était instructive, mais aussi gaie et animée.

On rapporte qu'à la cour de Napoléon où il fit quelques rares apparitions, l'impératrice se plaisait à lui faire expliquer ses différentes découvertes, et un jour comme il faisait le récit de ses beaux travaux sur la circulation du sang, la souveraine voulant fournir elle-même la goutte de sang nécessaire à l'examen microscopique, se piqua le doigt.

A ce sujet il arriva un incident assez plaisant. Pasteur ayant déclaré que le sang de grenouilles suffisait pour de nouvelles expériences, l'impératrice ordonna qu'on en fit chercher dans la forêt pour lui être remises.

Après le départ du savant, la chambre qu'il avait occupée fut donnée à une jeune femme. Au milieu de la nuit un crépitement étrange la réveille. Craignant que le feu, qui était ardent, n'ait pris dans la cheminée, elle se lève. Ses pieds se posent sur un corps glacé. Elle allume une bougie et se voit entourée d'une légion de grenouilles en marche.

On devine son émoi ! Il fallut sonner la femme de chambre et faire jeter par les fenêtres ces hôtes incommodes. M. Pasteur avait placé dans un tiroir un sac qui contenait les grenouilles.

Le meuble avait été ouvert par la femme de
chambre qui, trouvant un sac humide, s'était
contentée de le jeter sous le lit, sans en examiner
le contenu (1)...

Pasteur avait de l'esprit, et on cite quelques
anecdotes qui en font foi.

Il était voisin de M. Duruy qui habitait rue de
Médicis. Un jeudi les deux académiciens se trouvèrent à une même station de fiacres pour se
rendre à l'Institut ; ils firent route ensemble.
Arrivé à destination, M. Duruy tend une pièce de
cinq francs au cocher :

« — Pas de monnaie, lui dit celui-ci.

« — Eh bien ! gardez la pièce entière en souvenir de cette course,... et n'oubliez pas que vous
avez conduit le premier savant du siècle... »

Aussitôt Pasteur prend à son tour une pièce de
cinq francs et la donne au cocher :

« — Gardez aussi celle-là, et retenez que vous
avez conduit le plus grand ministre du second
empire... »

Le cocher ne se le fit pas dire deux fois, et les
deux académiciens pénétrèrent en riant dans la
vieille cour du palais Mazarin.

Un autre jour, Pasteur était malade depuis plusieurs semaines déjà et obligé de renoncer à ses

(1) Comte d'HÉRISSON. *Pasteur à la Cour*.

chères expériences. Un de ses confrères de l'Institut était venu le voir et lui disait avec un malin sourire :

« — Eh bien ! il y a donc un armistice ; vous ne faites plus la guerre aux vibrions ni aux microbes ?...

« — Mais si, cher ami, reprend vivement Pasteur ; mais seulement c'est chez moi, au coin de mon feu que j'approfondis la théorie des *at home*. »

Les savants ont des distractions célèbres, Pasteur devait avoir les siennes.

Un soir il était à table et le repas touchait à sa fin.

Sans rien dire, le savant mangeait des cerises, mais auparavant il les lavait une à une dans un verre d'eau avec un soin tellement méticuleux que les siens ne purent s'empêcher de rire. Pasteur s'en aperçut et dit :

« — Vous riez, mes enfants, mais vous ne savez donc pas ce qu'il y a d'impuretés sur chacune de ces cerises. » Et là-dessus il se mit, tout en continuant à nettoyer les fruits, à faire un véritable cours à ceux qui l'entouraient, insistant particulièrement sur le nombre effroyable de microbes attachés à chacune des cerises. Quand il eut fini il conclut :

« — Vous voyez qu'on ne saurait prendre trop

de précautions. Faites donc comme moi et lavez vos fruits. »

Et ce disant, l'illustre savant, retombant dans ses méditations, saisit le verre dans lequel il avait si soigneusement noyé tous les microbes et... l'avala d'un trait (1).

Pour conclure ce chapitre et donner au lecteur une juste idée du grand homme que fut Pasteur nous ne connaissons pas de page plus expressive que ce portrait d'un écrivain contemporain :

« On sait que Pasteur est petit; que, depuis la guerre, sa jambe et son bras gauches, frappés par une apoplexie, sont un peu raides, et qu'il traîne le pied ainsi qu'un vétéran blessé. L'âge, la maladie, le lourd travail de tant d'années, l'amertume des luttes, la violence de sa passion pour son œuvre, et cet accablement enfin que donne le triomphe, *ont fait de ce visage une chose superbe.* Fatigué, labouré de rides profondes, la peau grise, la barbe grise, les cheveux bruns encore, presque toujours coiffé d'un toquet noir, le large front plissé, tout couturé des cicatrices du génie, la bouche un peu tirée par la paralysie, mais toute pleine de bonté, d'autant plus pitoyable aux souffrances des autres, qu'elle semble montrer de douleurs personnelles; avec cela, sous l'ombre

(1) M. Blanchon.

des sourcils, la survivance de l'idée dans le flamboiement des deux yeux, voilà comme il m'est apparu ce conquérant qui sera légendaire, *dont la gloire est incalculable, comme le bien qu'il a fait.* » (1).

(1) V. Bournand, p. 140.

CHAPITRE XIV

L'Œuvre.

Le génie. — Les élèves.

I

Le génie scientifique est fait d'imagination, de
jugement et de persévérance : Pasteur eut ces
trois qualités dans un degré éminent, voilà pourquoi il est un homme de génie.

L'imagination puissante se produit chez lui
comme une vision intérieure, une intuition de ce
qui doit être : la sûreté de son jugement l'a amené
au point précis sur lequel doit porter l'expéri-
mentation, elle l'a préservé de l'entraînement et
de l'illusion si dangereuse et pourtant si fatale ; la
patience de son labeur lui a donné la précision
dans le résultat.

Voilà pourquoi Pasteur s'est trompé quelquefois, mais ses erreurs ont été rares et presque
toutes ses prévisions sont devenues des réalités.
Donnant une direction sûre aux idées géniales

qui germaient dans son cerveau, il ne les adoptait qu'après une discussion sévère, ne les suivait qu'après un minutieux contrôle, s'y attachait par une ténacité irréductible et en démontrait la justesse par des preuves indiscutables.

Aux yeux des maîtres les plus sévères, Pasteur est le premier expérimentateur de notre temps. Il a eu d'ardents adversaires : Pauchet, Berthelot, Peter, Koch de Berlin, mais aucun d'eux n'a pu entamer son œuvre; c'est un bloc immuable, a-t-on dit, autour duquel la science viendra souder ses nouvelles découvertes.

Son œuvre immense est tout entière sortie de son puissant cerveau; il n'a pas été, comme Jenner, servi par un heureux hasard. Nous lui devons non seulement un remède, un procédé, mais une méthode générale, d'une portée très étendue, dont rien ne peut restreindre les visées, et on a pu dire sans exagération, qu'aucun homme de notre temps n'a ouvert un pareil champ à l'intelligence humaine, et n'a fait à un plus haut degré, œuvre de génie créateur.

Aussi, M. Germain Sée, membre de l'Académie de médecine, ne craint pas de dire : « Pasteur, mais c'est le plus grand homme moderne. Vous m'entendez bien? Je ne dis pas que c'est une des plus hautes figures de notre temps, je dis que c'est l'homme le plus éminent que notre époque ait produit. »

En effet, c'est une révolution totale que le

savant a accomplie dans la médecine. Non seulement il a montré la nature des maladies épidémiques et infectieuses en étudiant les microbes du charbon, du choléra des poules, du rouget du porc, du furoncle, etc., mais il a prouvé qu'on peut prévenir les maladies infectieuses en inoculant des virus atténués, « domestiqués » par des procédés empruntés à la chimie et à la physique, qui rendent l'être, ainsi vacciné, réfractaire aux atteintes du mal.

« La découverte du vaccin de la rage humaine, dit M. Daremberg, a été le grand triomphe de cette méthode. Elle a imprimé le sceau de l'immortalité sur la gloire de l'illustre savant, du grand bienfaiteur de l'humanité. C'est après elle qu'on peut, plus que jamais, répéter avec Huxley : « *Les découvertes de M. Pasteur suffiraient à* « *elles seules à couvrir la rançon de cinq mil-* « *liards payée à l'Allemagne par la France.* » Grâce à Pasteur et à la glorieuse phalange de ses élèves, si nous avons été les vaincus des œuvres de la guerre, nous sommes aujourd'hui les vainqueurs des travaux de la paix. »

Et M. Richet ajoute dans la *Revue scientifique* qu'il dirige :

« Pasteur ! Quel nom dans l'histoire ! Quand on évoque ce grand nom, on ne pense pas à l'œuvre d'un savant qui a enrichi par une importante découverte le patrimoine de l'humanité, mais à une colossale révolution qui a bouleversé et renové la science la plus utile aux hommes, la médecine et la biologie.

« Nous avons peine à croire qu'il fut un temps où l'on ignorait le rôle des êtres microscopiques disséminés partout, agents des fermentations et des maladies. Nous ne comprenons pas qu'on pouvait parler alors d'une spontanéité morbide, qu'on ne savait pas la valeur des mots de contagion, de vaccination, d'antisepsie, toutes expressions devenues aujourd'hui vulgaires. Eh bien ! c'est à Pasteur, et à lui seul, que nous devons tout cela.

« Son œuvre est immense, impérissable. Le temps ne fera qu'en accroître la renommée et l'importance ; car elle est fondée sur des faits positifs et consacrée par des milliers et des milliers d'expériences qui se renouvellent chaque jour.

« Dans l'histoire des sciences, on ne peut guère, à Pasteur, comparer que Lavoisier qui a créé la chimie.

« Quant à la médecine, à aucune époque, aucun homme n'a fait autant pour elle.

« Je ferais volontiers cette classification dans l'histoire de la médecine : il y a eu la médecine avant Pasteur, il y aura la médecine après Pasteur. »

II

Oui, car elle n'est pas finie l'œuvre du maître ; il laisse derrière lui assez d'élèves, assez d'hommes distingués pour la poursuivre.

Depuis la mort de l'illustre savant, c'est le docteur Desclaux qui, de sous-directeur, est devenu directeur de l'Institut Pasteur ; le docteur Roux l'a remplacé dans ses fonctions et les autres chefs de service continuent à remplir les mêmes rôles qu'autrefois.

On ne voit plus circuler au milieu d'eux le maître au regard si bon, au coup d'œil si sûr ; mais le souvenir du grand homme les anime ; ils travaillent avec la même ardeur et si une prédiction se réalise, « les satellites du savant seront eux aussi des soleils. »

Hier encore, toutes les mères poussaient un long cri de joie et de reconnaissance, quand le plus illustre disciple de Pasteur, le docteur Roux, combattait victorieusement, par une nouvelle application des principes pastoriens, le minautore qui réclamait sans cesse tant de victimes innocentes, l'ogre qui dévorait tant de petits enfants... le croup hideux !...

Demain, ce sera la lèpre, la scarlatine, le choléra peut-être ?...

« Il faut voir, s'écrie François Coppée, cet Institut de la rue Dutot, sorte de couvent scientifique où vivent solitaires, et comme volontairement cloîtrés dans l'étude, ces hommes dignes de toutes les admirations. Avec une complaisance infinie, une modestie exquise, et dans les termes les plus simples, ils ont daigné m'expliquer, à moi profane, leurs étonnants travaux et me montrer ces fioles magiques, ces mystérieux bocaux, où les pires poisons se transformaient en antidotes.

« Chacun de ces savants cultive un virus particulier ! Et je vois encore l'un d'eux excitant avec une baguette, à travers les barreaux d'une cage, un serpent de l'espèce la plus redoutable, afin de lui faire mordre un verre de montre et d'y recueillir quelques gouttes de venin. Les germes de la tuberculose, de la rougeole, de la fièvre typhoïde, du choléra, de toutes les maladies les plus effrayantes, sont étudiés là avec un soin, une attention, une patience inouïs, et le passé nous permet d'ajouter, avec une magnifique espérance pour l'avenir.

« Le spectacle auquel on assiste à l'Institut Pasteur est réconfortant ; il fait oublier, un moment, tout ce que la nature humaine recèle de laideurs et de hontes. A la bonne heure ! voilà des intelligences et des caractères ! Avec leur cravate mal nouée et leur vieille redingote boutonnée de travers, mais une flamme dans les yeux et le visage creusé de fatigue, ils font plaisir à voir, ces élèves, je dirais presque, ces fils de Pasteur.

« On sent que le maître leur a pour toujours mis dans le cœur et dans le cerveau le seul idéal auquel il consacra sa vie, la science aimée pour elle, sans arrière-pensée de profit ou de gloire, avec un absolu désintéressement. On est pénétré de respect devant ces nobles jeunes gens, et on emporte, en les quittant, cette consolante pensée que, si l'homme est condamné par une loi fatale à toujours souffrir, grâce à eux, il souffrira moins. »

C'est ainsi que l'œuvre de Pasteur est impérissable et que les siècles ne feront qu'élargir le domaine de ses applications en multipliant le nombre de ses bienfaits. Aussi, dirons-nous en terminant avec M. le professeur Grancher :

« Lorsque dans un millier d'années, vers l'an 2893, un médecin parlera aux jeunes générations, ses élèves, de la marche et de l'évolution de la médecine, il citera avant tous les autres, ces deux noms immortels : HIPPOCRATE et PASTEUR ! »

APPENDICE

Au moment où se termine ce modeste travail, entrepris à la gloire du grand savant et du grand chrétien que fut Pasteur, voilà que son nom vient de retentir une fois de plus dans la presse parisienne. C'est à l'occasion de la translation de ses restes des caveaux de Notre-Dame de Paris à l'Institut de la rue Dutot.

Nos jeunes lecteurs se rappellent que l'Institut Pasteur avait réclamé l'honneur légitime de posséder la dépouille mortelle de son illustre fondateur. C'est en effet dans cet établissement créé par son génie, dirigé par ceux qui furent ses disciples et ses fils, c'est dans cette enceinte, où tout rappelle ses travaux et sa gloire, que le grand homme devait dormir son dernier sommeil.

Ce vœu compris de tous devait être exaucé ; mais il fallait auparavant aménager la chapelle funéraire de l'Institut, et en faire une demeure digne de l'hôte illustre qui allait l'occuper.

Ce travail est accompli, et l'année 1896, avant de s'achever, a vu les restes de Pasteur traverser une dernière fois Paris.

Le 26 décembre, en effet, sur les huit heures du matin, une foule sympathique, composée des membres de la famille du regretté savant, de ses amis, des principaux professeurs et représentants de l'Institut, s'était donné rendez-vous à Notre-Dame pour rendre ce dernier hommage au grand Pasteur.

Après une messe solennelle de *Requiem*, le cortège funèbre se mit en marche, entouré, aux abords de l'église, d'ouvriers et de femmes du peuple qui avaient tenu à venir donner une dernière marque de reconnaissance et de sympathie au bienfaiteur de l'humanité.

A la rue Dutot, le corps fut reçu par le directeur et les professeurs de l'Institut Pasteur, en présence d'un représentant du Président de la République, de M. Méline, chef du gouvernement, de M. Brisson, président de la Chambre, d'un grand nombre de membres de l'Institut, des principaux collaborateurs de ses travaux, et des délégués des sociétés savantes d'Angleterre, revêtus de leurs pittoresques costumes.

La chapelle funéraire, où reposent désormais les cendres de Pasteur, est située sous le vestibule d'entrée de l'Institut de la rue Dutot ; on y pénètre par le corridor du sous-sol. Une grille en fer forgé, d'un beau travail, en marque l'entrée ; au-dessus se lit cette laconique inscription, aussi modeste que l'homme qu'elle annonce :

« ICI REPOSE PASTEUR »

Un escalier de neuf marches, en marbre blanc, conduit ensuite à la crypte, pavée d'une mosaïque de marbre. La voûte suit la même pente ; quatre grands arceaux, supportant une coupole sphérique, où se détachent les figures de la *Science*, de la *Foi*, de l'*Espérance* et de la *Charité*, peintes par M. Luc-Olivier Merson, forment la crypte proprement dite.

Les parois sont en marbre blanc veiné de noir ; les arceaux reposent sur quatre groupes de trois

colonnes — une rouge et deux vertes — en granit
porphyroïde ; les voûtes sont ornées de fines
mosaïques, où se détachent des groupes d'animaux qui ont servi aux expériences du savant,
des instruments qui rappellent ses travaux sur
la fermentation et sur les maladies des vers à
soie, enfin le berger Jupille terrassant un chien
enragé.

Au fond de la crypte, s'élève un autel de marbre
blanc ; puis au milieu se dresse le sarcophage en
porphyre, magnifique pièce d'orthose opalisant.
Dans son ensemble, l'œuvre rappelle le mausolée
de Galla Placidia, à Ravenne, qui est considéré
comme la merveille de l'architecture funéraire,
inspirée par le christianisme.

Après la déposition des cendres dans le sarcophage, plusieurs discours furent prononcés. Le
ministre de l'Instruction publique prit le premier
la parole pour célébrer, au nom de la France, l'un
de ses plus glorieux enfants :

« Si peu nombreux que nous soyons ici réunis
dans cette crypte, dit-il, nous savons que dans
l'hommage que nous apportons à notre grand
mort, à sa noble veuve, à ses enfants, nous avons
avec nous le sentiment unanime de la nation, la

reconnaissance émue des travailleurs, et les béné-
dictions des mères.

« Pasteur va désormais reposer dans cette
maison qui est la sienne, dont il a fait un centre
vivant d'activité scientifique et que sa présence
va consacrer comme un temple. Au-dessus de sa
tête se poursuivront, inspirées de son génie,
guidées par son esprit toujours agissant parmi les
siens, les recherches de laboratoire patientes,
obstinées, presque ignorées du public, jusqu'au
moment où celui-ci, au jour longtemps attendu
pour la révélation, sera tiré de son indiffé-
rence par l'annonce de quelque surprenante
conquête.

« Comme ces tombes de bienheureux sur lesquelles les peuples voyaient s'accomplir des prodiges, celle de Pasteur restera entourée comme
d'une lumière de miracle. Et à chaque découverte
dont profitera le genre humain, à chaque rayon de
gloire scientifique qui viendra s'ajouter à l'auréole
de la patrie, c'est vers cette maison, désormais
auguste dans les fastes de la science, que viendra
se reporter, comme à la source de tous les progrès
ultérieurs, la reconnaissance du pays et de l'univers. »

A ces accents vraiment bien inspirés succède

la parole émue de M. Jean-Baptiste Pasteur, fils
du grand savant, celle de M. Bertrand, président
du Conseil d'administration de l'Institut de la rue
Dutot, puis des délégués des Académies des
sciences et de médecine, et des représentants
d'Universités anglaises. Ces derniers sont con-
duits par le grand docteur Sir John Lister qui a
voulu apporter à son immortel ami l'éclatant
témoignage de l'admiration que professent pour
sa mémoire la médecine et la chirurgie du monde
entier.

Mais le plus précieux hommage rendu au héros
de la journée, nous le puiserons dans le discours
d'un vieillard trop accablé par la maladie et les
ans pour venir lui-même le prononcer, mais plus
capable aussi de juger à la lumière de la mort
prochaine les hauts enseignements qui se déga-
gent de la carrière si bien remplie de Pasteur.

Après avoir célébré le savant, M. Legouvé, par
l'organe de M. Boissier, a salué dans le grand
homme disparu, un croyant qui fait honneur à
l'Eglise du XIX° siècle.

Rappelant la profession de foi que Pasteur fit
lors de sa réception à l'Académie française, devant
le haut monde officiel et scientifique présent à la
cérémonie et présidé par M. Renan.

Le tombeau de Pasteur à l'Institut de la rue Dutot.

« Qui de nous, s'écrie M. Legouvé, ne se rappelle cette mémorable séance? Notre coupole n'avait jamais, je crois, entendu de tels accents. »

... Après avoir cité le passage le plus important du discours de Pasteur, M. Legouvé ajouta :

« Ces mots, prononcés avec une émotion profonde, firent courir dans toute l'assemblée un frisson d'enthousiasme et de foi. Les applaudissements éclatèrent de toutes parts.

« C'est que cette parole répondait bien à l'ardent besoin de milliers de cœurs. Grande est l'erreur de ceux qui pensent que le monde se partage en athées et en croyants. Entre ces deux extrémités s'agite une foule de consciences troublées, d'esprits pleins d'angoisses, qui sentent l'idée de Dieu leur échapper! Ils le cherchent, et ils ne le trouvent plus ! Ils l'invoquent, et ne l'entendent plus ! La seule croyance qui leur reste est l'amer regret de ne plus croire.

« Quel *sursum corda* pour eux qu'un tel *Credo* sorti publiquement d'une telle bouche! J'en connais plus d'un qui y a trouvé la lumière qui guide et la voix qui sauve !

« Oui, si les découvertes scientifiques de Pasteur ont fait de lui le bienfaiteur du pauvre corps humain, on peut dire que, en conciliant dans sa personne la science et la foi, il a été le *bienfaiteur des âmes.* »

Pasteur, BIENFAITEUR DES AMES, magnifique parole qui mériterait d'être inscrite sur le monument à jamais glorieux qui a reçu les restes de l'immortel savant et par laquelle nous voulons clore ce travail.

Oui, en conciliant dans sa personne la science et la foi, à un degré si élevé pour l'une et pour l'autre, Pasteur a bien mérité de toutes les âmes sincères et éclairées qui, ayant eu le malheur de perdre Dieu ou de ne pas le connaître, le cherchent inutilement au fond de leur cœur. En leur montrant la lumière de l'intelligence, il fait briller à leurs yeux les rayons de la foi.

TABLE DES MATIÈRES

Abbeville. — Imprimerie C. PAILLART.

DESACIDIFIE
A SABLÉ - 2009

BIBLIOTHEQUE NATIONALE
Désinfection 1976
N° 344

www.ingramcontent.com/pod-product-compliance
Ingram Content Group UK Ltd.
Pitfield, Milton Keynes, MK11 3LW, UK
UKHW021859070726
13613UKWH00001B/234